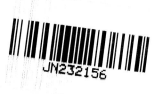

女子のための
一生困らない
「手に職」図鑑

華井由利奈

光文社

はじめに――なぜパティシエは離職率が高いのか？――

「パティシエ」

「フライトアテンダント」

「ウエディングプランナー」

これらの職業は一見華やかで女性に人気がありますが
実は離職率が高く、大勢の人が若いうちに退職しています。

例えばパティシエは、1年以内に辞める人が70％
3年以内だと90％、10年以内だと99％にのぼると言われています。
なぜこれほど多くの人が辞めてしまうのでしょうか？

よくある理由の一つは、「イメージと違った」というものです。

普段から何十キロもある小麦粉や調理器具を運んだり

はじめに

クリスマスなどのイベント前は深夜まで働いたりします。

それを乗り越えて経験を積んだとしても
数年後には、家事や育児と仕事との両立という
大きな壁が立ちはだかっています。

男性の育休取得率が低迷し、核家族が増え続けている今
夫や両親に頼ることもできません。

そんな毎日に耐えられなくなった結果
家族のために好きな仕事を辞めてしまう女性が後を絶たないのです。

一方、「歯科衛生士」や「ライター」は
女性にとって続けやすい仕事です。
例えば歯科衛生士は深夜残業がないため
平日の夜は家族とゆっくり過ごせます。

ライターは自宅で仕事ができるため
朝や夜、子どもが寝ている間に仕事ができます。

子どもを育てながら働きたいなら
最初から続けやすい職業を目指したり
結婚や出産を見越して転職したりするのも一つの手段です。

また、「パティシエ」や「フライトアテンダント」
「ウエディングプランナー」も、事前に現実を知っておけば
託児所が併設されている企業を選ぶ、実家の近くに住むなど
働きやすい環境をつくっておくことができます。

つまり、子育て中の状況がわかっていれば
両立に悩んで仕事を辞める前に
自分の力で対処することができるということです。

はじめに

*

私には、誰がどんな仕事に向いているかを判断する能力はありません。
でも、ライターとして７００人以上に取材をした経験があります。

企業説明会では聞けない裏話や苦労話
記事には書けない女性社員の悩みを数えきれないほど聞いてきました。
産休や育休、時短制度があるだけでは
仕事と子育てを両立できない現実を、幾度となく見てきました。

そして、つらい現実に負けずに生き生きと働いている女性は
働きやすい環境を自分で作り出しているのだと実感しました。

そんな先輩女性たちのリアルな声をまとめたのが、この本です。
結婚・妊娠・出産・子育てと仕事に関する情報を
１００種類の職業ごとに分類し、一冊の仕事図鑑にしました。

この本を手に取ってくださった皆さんが
自分を犠牲にするのではなく
自分と家族、どちらも大切にする毎日を送ってくれたら
これ以上嬉しいことはありません。

contents

本文デザイン 坂川朱音
イラスト 高橋由季

準備編
1

中・高・専門学校・大学生のあなたへ

1 あなたの「好きなこと」は？

なりたい職業を聞くと、「安定しているから」「親に言われたから」という理由で、特に好きではない職業を答える人がいます。もちろん、好きでなくても仕事を続けることはできます。

でも、あなたがお客様の立場に立ったときのことを考えてみてください。例えば美容院に行ったとき、「安定しているから」という理由で美容師になった人と、ヘアアレンジが大好きで美容師になった人、どちらに髪を切ってもらいたいですか？

ほとんどの人が、ヘアアレンジが好きな人を選ぶでしょう。毎日が楽しく、自然に「もっと頑張ろう」という気持ちになる仕事を選んだほうが、自分もお客様も幸せな気持ちになれます。この本を読む前に、まずはあなたの好きなことを思い出してみましょう。

②　女性のよくある人生3パターン

部活動を想像してみてください。レギュラーメンバーだったAさんが、半年間部活を休むとします。するとBさんがレギュラーメンバーに入ることになりました。半年後、Aさんはすぐレギュラーメンバーに戻れるでしょうか？

Aさんが一流の才能の持ち主だったら復帰できるかもしれません。でもAさんが休んでいる間にBさんが成長し、チームワークもよくなっていたら……。Aさんは準レギュラーになるか、部活を辞めるか、どちらかの道を選ぶことになるでしょう。

同じことが、多くの企業で起きています。出産前後で産休や育休を取得する女性は、少なくとも数か月間仕事ができません。そのため、出産をきっかけに正社員からパートタイマーになったり、専業主婦になったりする人が大勢いるのです。それが次の「女性のよくある人生3パターン」です。

正社員として働く場合

就職▼結婚▼産休・育休▼子育てをしながら正社員として働く

パートタイマーになる場合

就職▼結婚▼産休・育休▼子育てをしながらパートタイマーとして働く

専業主婦になる場合

就職▼結婚・出産が決まる▼退職▼専業主婦になる

男性は自主的に申請しない限り、出産や育児のための休暇がありません。しかし女性は出産時に休まざるをえないのです。

もし「将来は子どもが欲しいな」と思ったら、必ずどこかで休暇が入ることを覚えておいてください。

3 職業名より条件を見る！ 新しい仕事の選び方

学校で「好きな職業について調べてみましょう」と言われたとき、あなたはどうやって調べていますか？ おそらく多くの人が職業名で検索していると思います。でもこの図鑑では、自分が興味のあることや、「これだけは外せない！」と思う条件で探してみましょう。

例えばオシャレな服が好きな場合は、まず「衣食住を彩るものが好きー」のなかの「ファッション・美容」を見てください。服を作って売る仕事だけでも、「ファッションデザイナー」「ファッションプレス」「アパレルショップスタッフ」「ソーイングスタッフ」「パタンナー」などの職業があります。知っている職業だけを見るのではなく、それぞれのページにある「子育て中は？」「お仕事データ」などの欄を見て、自分がどんな条件下で働きたいかを考えてみましょう。

学校のなかでもさまざまな仕事を知ることはできますが、学外にはあなたの知らない職業がたくさんあります。もしかしたら、この本で初めて知った名前の職業があなたの条件にぴったり合うかもしれません。今まで見たことも聞いたこともない職業のページも、ぜひ読んでみてください。

準備編
2

就活生のあなたへ

① 子育て中は自由時間がゼロ!?

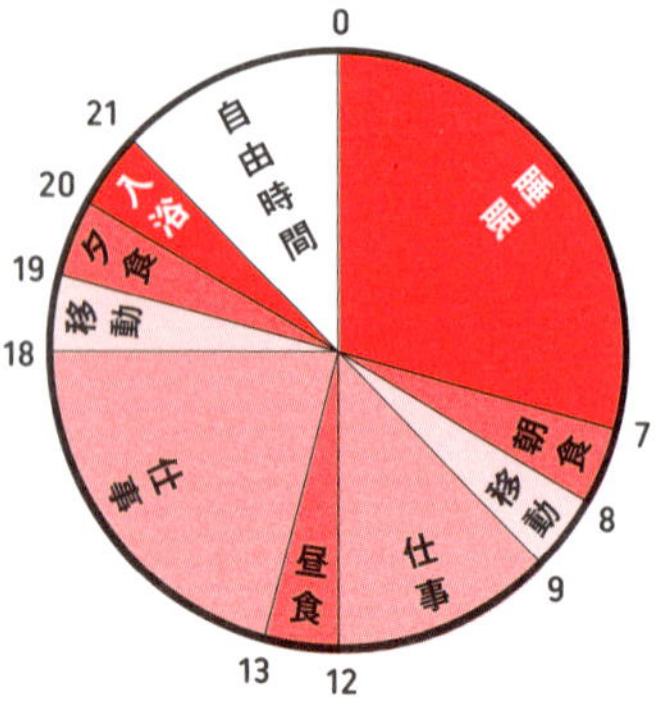

あなたは今、どうやって職業を選んでいますか？　働く時間や場所、仕事内容、給料、残業時間など、人によって基準はさまざまだと思います。その基準のなかに、「自分が好きなことかどうか」を入れてみてください。そうすると、子育てが始まったときに自分の時間を持てるようになります。

一体どういうことなのか、もう少し詳しく見てみましょう。まずは今、あなたがどんな一日を過ごしているのかを思い出してください。起床時間や移動時間、授業やアルバイトの時間、朝昼晩の食事の時間など。決まっていない場合は「よくある

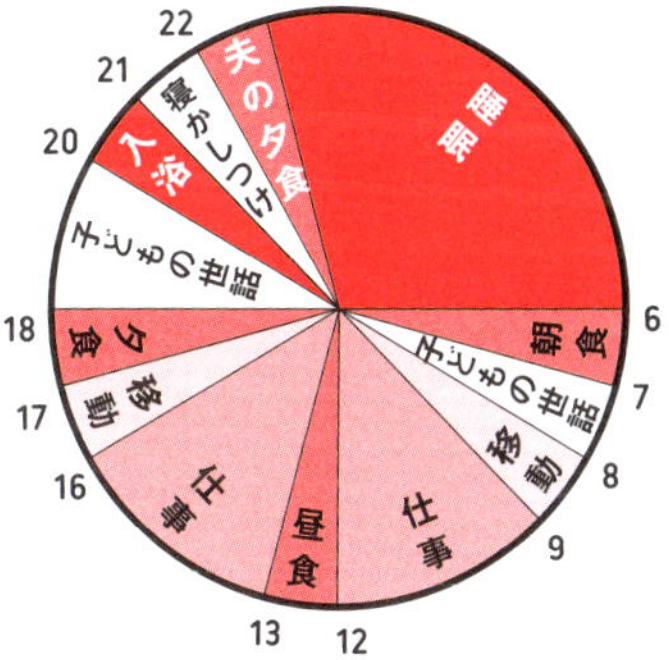

一日」で構いません。

では、仕事が始まったらどんな一日になるのでしょうか。仮に9時から18時まで働くと、16ページの図のような一日になります。夜の自由時間は自分の好きなように使えますが、少なくとも毎日8時間以上は働いています。

続いて、子育て中の一日を見てみましょう。時短勤務になり、働く時間が9時から16時までになりました。しかしそのぶん保育園の送迎など子どもの世話をする時間が増えています。

家事や育児を夫と分担するという方法もありますが、残念ながら現在の日本には男性が育児休暇を取得したり、時短勤務を申請したりする文化がまだ根付いていません。そのため働きながら子どもの世話をするのは女性が中心になってしまい、多くの女性が自分の時間を持てずにいます。

でも、もし自分が好きなことを仕事にしたら、時短勤務でも一日6時間、フルタイムなら一日8時間は「自分のやりたいことをやる時間」を持てますよね。好きなことを仕事にするということは、子育て中にあなたがあなたらしく生きる時間をつくるということにもなるのです。

②「再就職しやすい職業」をおすすめする理由

最近、別居婚や週末婚をする夫婦が増えています。妻もしくは夫の転勤で夫婦どちらかが仕事を辞めるのではなく、別々の地で二人とも働き続けるという選択をするからです。

しかし、子どもが病気にかかったり、親の介護があったりと、共働きで収入を得ながら、別居が許されない状況になることもあります。そんなとき、夫婦どちらかが再就職しやすい職業だったら、パートナーの転勤についていくことができますよね。

再就職しやすい職業に就《つ》いている男性と結婚するという手もありますが、事前にリスクを回避するなら、自分が再就職しやすい職業に就いておくのがおすすめです。

この本には再就職しやすい職業が多数載っています。結婚する相手のためだけではなく、自分が職場で活躍し続けるためにも、再就職しやすい職業を選んでおくとよいでしょう。

3 「自宅で働く」という道もある

活躍している女性のなかには、自宅を職場や店舗にしたり、リモートワーク（在宅勤務）で仕事をしたりしている人もいます。自宅で仕事ができると職場まで移動する必要がなく、仕事の合間に家事をすることが可能です。また保育園に子どもを預けられなかったとしても、世話をしながら自宅で働けます。

欧米には、積極的に在宅勤務を普及させた結果、働き方が変わってきた国が複数あります。日本でも在宅勤務が可能な企業が少しずつ増えてきました。また、自宅でフリーランス（個人事業主）として働いている人と契約を結んで仕事を進めている企業もあります。

この本では、ネイリストやウェブデザイナー、学習教室指導者など、自宅で働ける職業を多数紹介しています。就職活動中は企業で働くことをベースに考えがちですが、自宅で働くというのも選択肢の一つです。職業を紹介するページの右下についている「自宅でできる」というアイコンをぜひチェックしてみてください。

準備編
3

社会人・転職活動中のあなたへ

① 大人になると時間が早く進むのはなぜ？

「子どもの頃よりも一年が短くなった」と思ったことはありませんか？　子どもの頃は知らないことが多く、毎日が新鮮でした。授業では新しいことを学び、やったことのないスポーツに挑戦します。しかし大人になると、毎日同じことの繰り返し。同じ電車に乗り、同じ場所で、同じ人に会って、同じ仕事をします。そのため過去を振り返っても記憶に残っている日が少なく、一年がたった数日で終わってしまったように感じるのです。

つまり、自分で状況を変え、記憶に残ることをしなければ、あっという間に時が流れてしまうということ。この歯車から抜け出すには、周囲に頼らず、自分で行動を起こすことが大切です。部署を替わるもよし、副業を始めるもよし、思い切って転職するもよし。記憶に残る人生を生きるために、自分で動き出してみましょう。

2 仕事は服と同じ！ 試着が必要

「そう言われても何から始めればいいのかわからない」と思う人もいるかもしれません。そんなときは、何かいい仕事があったら試してみよう、というくらいの気軽な気持ちで仕事図鑑を読んでみてください。そして気になる職業があったら、試着するつもりでその仕事にチャレンジしてみましょう。仕事は服と同じです。たとえ大好きなハイブランドでも、着てみたら全く似合わないこともあります。普段全く着ない服がぴったり合うこともあります。どちらも、試着してみなければわからないのです。

「そんな気持ちで転職したら、会社に迷惑をかけてしまう」と思う人もいるかもしれませんが、企業側は全社員が一生その会社で働き続けると思って採用しているわけではありません。実際、私が取材した人事担当者は「辞める人もいれば、残る人もいる。親しかった人が退職したら個人的に悲しいけれど、迷惑だとは思わない。入社と退職の手続きをするのは、私の仕事だから」と話していました。

　誰だって、やってみないとわからないもの。大切なのはチャレンジすることです。

3 「手に職」の本当の意味とは

手に職がつく仕事とはどんな仕事でしょうか？　看護師や教員、保育士など、特殊な能力を身につけて資格を取得する職業を思い浮かべる人が多いのではないかと思います。「職」という言葉から、職人を連想する人もいるかもしれません。かつて取材をした女性のなかには、「手に職をつけるため、看護師・教員・保育士のどれかになりなさい」と親に言われて育った人もいました。

しかし、手に職がつくというのは本当にそれだけなのでしょうか。営業として商品やサービスを売る人、会社で事務作業をする人、雑貨カフェの店員として接客する人など、資格が不要な仕事でも働いている間に経験を積むことは可能です。その経験は、他の誰でもないあなたのもの。つまり、手に職＝実力、キャリアがついたと考えることもできるのです。

この本には、資格がなくても就職できる仕事や、たとえ短期間でも経験さえあれば出産後に再就職しやすい職業が載っています。また、社会人になってから勉強を始めても就職できる仕事や、ほかの業界でも活躍できる仕事も掲載しました。

「手に職」という言葉のイメージに縛られて狭い視野で仕事を探すのではなく、経験や資格をいかすという意味で「手に職」を考えてみてください。きっと、自分が想像している以上に手に職がつく仕事は多くあるはずです。この本のページをめくりながら、自分のなかに眠っている経験に気づき、年齢関係なく身につけられる「職」があることを知っていただければ幸いです。

1

衣食住を彩るものが好き！

ファッション、食べ物、インテリア。
必要最低限のものがあれば困らないけれど、
ちょっとだけ自分らしさを入れるのが好き。
そんなあなたを待っているお客様がきっといます。

建築・インテリア

- リノベーションプランナー
- CADオペレーター
- ガーデンデザイナー→p28
- グリーンキーパー
- 植木・盆栽職人
- 樹木医
- 農業、農業技術者、林業
- ネイチャーガイド
- ショールームアドバイザー→p30
- インテリアコーディネーター
- 照明デザイナー
- カラーリスト
- 雑貨カフェクリエイター→p32

etc.

- 建築士→p26

料理

- パティシエ→p34
- 料理研究家
- パン職人
- 調理師→p38
- 寿司職人
- 酒造家
- レストランオーナー
- クッキングアドバイザー
- テーブルコーディネーター　etc.

- 栄養士・管理栄養士→p36

ファッション・美容

- ファッションデザイナー→p40
- アクセサリーデザイナー→p42
- ヘア・メイクアップアーティスト→p44
- ファッションプレス→p46
- アパレルショップスタッフ→p48
- ソーイングスタッフ→p52
- モデル
- スタイリスト
- 着付師
- ネイリスト→p54
- ビューティーアドバイザー→p56
- 美容師→p58
- アロマセラピスト→p60
- エステティシャン→p62　etc.

- パタンナー→p50

建築士

- ○建物の設計や工事管理を行う。
- ○現場では女性の感性が求められる傾向に。
- ○子育てと同時進行での資格取得は困難。

▼

こんな人に
ピッタリ

全ての構造物は、緻密な計算のもとで建てられています。計算や細かな作図の作業を毎日しても苦にならない人が合うでしょう。また、物事を客観的にとらえ全体像を見渡せる能力も必要です。

未経験OK
資格が必要
女性が多い
自宅でできる
再就職しやすい

Q どんな仕事？

あらゆる建築物の設計や工事管理を行う仕事です。まずは建物のデザインや予算などお客様の要望を聞きます。次に土地を確認して、日差しの向きや交通量などをチェック。その後、設計図を作り工事の進捗状況を管理します。

Q 子育て中は？

育休後、出産経験をいかして「ママの気持ちがわかる建築士」として活躍することもできます。一部の会社では、育児中の女性建築士が数人でチームを組み、子どもが熱を出したときや学校行事のときに仕事を分担して助け合っているようです。

資格 建築士（国家資格） MUST!

お仕事データ

勤務場所：建設会社、設計事務所、ハウスメーカー、建築関連の事務所、構造適合性判定機関など
勤務時間：1日10時間程度。残業も多い
休日：土日祝日。ハウスメーカーは平日休みのところも
勤務形態：正社員
給料：月収20万円程度から

この本を読んでみて！
『建築士・音無薫子の設計ノート』
逢上央士／宝島社

どうやったらなれるの？

専門学校、大学の建築系の学部などを卒業
↓
建設会社、建築設計事務所などに就職
↓
2級、1級建築士の資格を取る
↓
建築士に！

建築系の大学なら卒業と同時に
2級の受験資格を取得できます。
しかし2級建築士試験は
合格率25％以下の難関。
その後、大学院へ進むか
数年の実務経験を積むと、
1級の受験資格が取得できます。

出産経験のある女性建築士が大活躍！

室内の段差をなくしたバリアフリー設計や、子ども向けの抗菌素材仕様、誰にでも使いやすいユニバーサルデザインなど、お客様の要望は尽きません。そこで活躍するのが出産を経て復帰した女性建築士です。育児をしながら働く女性建築士はまだまだ少なく、ロールモデルとなる先輩が身近にいない場合もありますが、育児経験や生活感覚をいかした設計が好評を博し、次々に大型案件を受注している女性建築士は、今少しずつ増えています。

下請け会社でも住宅の設計はできるけど……

資格があっても全員が大手ハウスメーカーや有名な建築会社に勤められるわけではありません。しかし、受注した住宅設計案件を下請けの設計事務所に依頼している大手ハウスメーカーもあるため、大手に就職できなくても住宅の設計をすることはできます。とはいえ、下請けの会社になるほど給料は安くなり、長時間労働になりやすいと言われています。

建築分野が限られる！「建築士」の資格

建築士の資格には「木造建築士」「2級建築士」「1級建築士」の3種類があります。学校や劇場などの大型施設を設計できるのは1級建築士だけ！　しかし、1級の合格率は10％台。何度もチャレンジして合格を手にする人が多くいますが、子育てと同時進行で資格取得を目指すには、相当の努力と、家族の理解が必要不可欠です。実務経験を積むことができ、時間の自由がきく結婚前、もしくは出産前までにじっくり勉強をして取得をするのがオススメです。

大胆に行うことが成功の秘訣である。／ハイネ

ガーデンデザイナー

○建築士のようにデザインと設計をする。
○日焼けも虫も、気にしない心構えで！
○独立してガーデニング講師になることも。

こんな人にピッタリ

庭園のデザインをイメージするだけでなく、緻密な計算をしながら設計図を作ったり、進捗状況の管理をしたりする仕事です。細かな作業を毎日飽きずに続けられて、正確に計算できる人に向いています。

未経験OK
資格が必要
女性が多い
自宅でできる
再就職しやすい

Q どんな仕事？

庭や公共の緑地、公園などのデザインや設計をする園芸の専門家。仕事内容は建築士に似ています。お客様の要望を聞き土地を確認して、設計図を作り工事の進捗状況を管理します。個人宅の案件を請け負う場合は休日出勤の可能性も。

Q 子育て中は？

休日に打ち合わせが入り家族との時間をつくるのが難しいこともあります。しかし若いうちにある程度の実績を積んでおけば、独立してガーデニング教室を開き、庭作りを楽しみたい人たちにアドバイスをする講師として活躍することも可能です。

資格　造園技能士（国家資格）
ガーデンデザイナー
（日本ガーデンデザイナー協会）

お仕事データ

勤務場所：ハウスメーカー、設計事務所、造園の施工業者など
勤務時間：1日8時間程度
休日：不定期
勤務形態：正社員、契約社員など
給料：月収18万円程度から

この本を読んでみて！
『園芸家12カ月』
カレル・チャペック／中央公論新社

資格があっても実績がなければ、
大きな仕事は舞い込みません。
造園会社、生花店、建築会社などで
経験を積み、コンテストなどへ
出場して自分のブランド力を
高めましょう。

どうやったらなれるの?

農業・園芸・土木・建築系の高校、
専門学校、大学などを卒業

↓

造園会社、生花店、建築会社などに
就職し1〜5年程度の経験を積む

↓

国家資格の造園技能士（1、2、3級）や
造園施工管理技師（1、2級）などを取得

↓

ガーデンデザイナーに!

保育施設を利用するなら企業相手がベター

ガーデンデザイナーの仕事の流れは、次の通りです。お客様によって、
打ち合わせの場所や回数、植物の種類、現場での作業量などが変わります。

お客様と打ち合わせ

↓

図面の設計

↓

植物の選定

↓

現場で指示

個人宅の庭をデザインするなら休日、企業や公共団体と仕事をするなら
平日にお客様との打ち合わせが行われることが多いようです。
平日に子どもを保育施設に預け、休日は家族と過ごしたい人には、個人宅よりも
企業や公共団体のガーデンスペースのデザインを担当するのがおすすめです。

価値があるのは、自分でつかんだ幸せだけ。／グレン・クローズ

ショールームアドバイザー

未経験OK
資格が必要
女性が多い
自宅でできる
再就職しやすい

- ○間取り図を見て内装や家具を提案！
- ○育児や家事が仕事に役立つことも。
- ○引っ越しても、系列店へ再就職できる会社も。

こんな人にピッタリ

常にお客様の前に立つ仕事なので、気配り上手でファンの多い人ほど売り上げが伸びます。部屋の整理整頓やカラーコーディネート、接客業に興味がある人に向いている職業です。

Q どんな仕事？

一般的にインテリアコーディネーターという職業名がよく知られていますが、これは資格の名前。そのイメージに一番近いのがショールームアドバイザーです。インテリアに関するアドバイスをしながら内装や家具を提案します。

Q 子育て中は？

日頃から家事や育児をしていると、ファミリー層のお客様から相談を受けたとき、自分の経験をいかして応えることができます。立ち仕事の接客業でタフさが必要ですが、家事や育児の経験が仕事に役立ち、お客様の幸せにもつながる貴重な仕事です。

資格 インテリアコーディネーター
（公益社団法人 インテリア産業協会）

お仕事データ

勤務場所：ガス・電気などのメーカーの展示場、家具店、リフォーム会社など
勤務時間：1日8時間程度
休日：週1〜2日
勤務形態：正社員、契約社員など
給料：月収18万円程度から

この本を読んでみて！
『怪盗はショールームでお待ちかね』
伊園旬／実業之日本社

ショールームアドバイザー

地域限定での採用が一般的
ですが、全国に支店がある場合は
引っ越した先のショールームに
転勤できる可能性があります。
育児や介護のために転居をしても
続けやすい仕事です。

どうやったらなれるの？

高校、専門学校、大学などに在学中、
インテリアコーディネーターの資格を取得

↓

メーカー、家具店、
リフォーム会社などに就職

↓

ショールームアドバイザーに！

要注意！　似ているけど違う仕事です

職業名	ショールームアドバイザー	インテリアプランナー	インテリアデザイナー
業種	サービス業	内装業	デザイン業
仕事内容	インテリアコーディネーターの資格をいかして、個人宅を持つお客様のイメージに合う家具を提案する。	住宅やオフィスの内装を考え、設計図や仕様書を作成する。工事中は現場の管理を担当。	住宅、オフィス、飛行機、自動車など、あらゆる室内空間と、家具などのインテリア用品をデザインする。
職場	ガス・電気などのメーカーの展示場、家具店、リフォーム会社など	建築事務所、住宅メーカー、内装・リフォーム会社など	家具メーカー、インテリア用品メーカーなど

ショールームアドバイザーは、お客様の要望に合わせてでき上がった家具の配置を
考える職業です。「インテリアプランナー」や「インテリアデザイナー」など、
似た名称の職業と混同しないよう注意しましょう。

新しい日には、新しい力と新しい考えが生まれる。／エレノア・ルーズベルト

雑貨カフェクリエイター

未経験OK
資格が必要
女性が多い
自宅でできる
再就職しやすい

- 雑貨店やカフェをプロデュースする仕事。
- 自分の店を持つことも可能！
- 夫婦で経営すれば産休・育休中も安心。

こんな人にピッタリ

雑貨やカフェが好きで、ものに対する特別なこだわりや、センスを持っていることが大切です。また「これは人気が出そう！」と思った商品を選べる、お客様目線も忘れないように。

Q どんな仕事？

雑貨店や、カフェに必要な幅広い知識を持ち、店舗全体をプロデュースする仕事。独立するためには、事前に大手チェーン店で働いて、ディスプレイの方法、収入と支出のバランス感覚など、さまざまな知識を蓄えて経験を積むことが大切です。

Q 子育て中は？

個人店の場合は、病気療養中や出産前後に休業したり、雑貨スペースを一時的に閉鎖したり、ライフプランに合わせて自由にお店の営業時間を変えることができます。夫婦で経営すれば産休・育休中も休業せず続けることも可能です。

資格　雑貨カフェクリエイター（日本雑貨カフェクリエイター協会）

お仕事データ

勤務場所：個人店、チェーン店など
勤務時間：1日8～10時間程度
休日：不定期
勤務形態：経営者、正社員、契約社員、アルバイトなど
給料：月収18万円程度から

この本を読んでみて！
『雑貨屋さんになりたい』
マツドアケミ／主婦の友社

雑貨カフェクリエイター

自作の品を販売する場合は、
制作時間が必要です。
イベントに出展して作品を知って
もらい、ネットショップで
販売するなど、接客時間を短縮し、
制作にあてている人もいます。

どうやったらなれるの？

高校、専門学校、大学などを卒業
↓
雑貨店などで店員を経験する
↓
雑貨カフェクリエイターに！

事業計画書、カラーコーディネート、フードスタイリング、
メニュー開発、厨房設計etc.勉強することはたくさん！

夢中で生きることが生きて行く目的。／宇野千代

パティシエ

- 洋菓子を専門的に作る菓子職人。
- 残業&重労働に耐えられる体力が必須！
- 自宅で開業すれば両立しやすい。

こんな人にピッタリ

早朝に出勤し、重い小麦粉を運び、大量の卵を泡立て、全ての調理器具を洗って深夜3時に帰宅する日もあるほど、パティシエはハードな仕事。重労働に耐えられる体力と気力が必要です。

未経験OK / 資格が必要 / 女性が多い / **自宅でできる** / 再就職しやすい

Q どんな仕事？

パティシエはフランス語で、菓子職人のこと。ケーキ、チョコレート、アイスクリームなど、さまざまな洋菓子を専門的に作ります。どんなときでも同じ品質のものを作れる技量と、魅力的な新作を生み出すセンスが必要です。

Q 子育て中は？

手作りスイーツをネットショップで販売したり、お菓子教室を開いたりする人が増え、家事や育児とパティシエの仕事が両立しやすくなりました。しかし洋菓子は材料費が高く単価が安い商品。その収入だけで生活するのは至難の業です。

資格　菓子製造技能士（国家資格）
製菓衛生師（国家資格）

お仕事データ

勤務場所： 洋菓子店、カフェ、ホテルなど
勤務時間： 1日8時間程度。冬は残業が多い
休日： 週1～2日（お店の定休日）
勤務形態： 契約社員、アルバイト、正社員
給料： 月収15万円程度から

この本を読んでみて！
『ラ・パティスリー』
上田早夕理／角川春樹事務所

パティシエ

調理師専門学校の製菓部門で学んだ後、洋菓子店やホテル、ベーカリーなどで修業をするのが一般的です。一人前になるには10年くらいかかることも。右ページに記載した二つの資格のどちらかを取得すると、就職に有利です。

どうやったらなれるの?

高校、大学などを卒業
↓
調理師専門学校の製菓部門を卒業
↓
洋菓子店、レストランに就職
↓
パティシエに!

バレンタインやクリスマスなど、
イベントシーズンは戦場!
20時間立ちっぱなしで
睡眠時間はたった3時間
ということも。

自分に妥協するな。あなたはあなただ。／ジャニス・ジョプリン

栄養士・管理栄養士

- 栄養士は調理やメニューの考案を担当。
- 管理栄養士は病院で栄養指導をすることも。
- 家庭との両立に理解のある職場も多い。

こんな人にピッタリ

栄養士は、食品の成分や栄養素、エネルギーの計算を行います。そのため、料理の知識や技術だけでなく、正確さも必要とされます。細やかな性格の人に向いている仕事です。

未経験OK
資格が必要
女性が多い
自宅でできる
再就職しやすい

Q どんな仕事？

病院や学校、福祉施設、企業の食堂などで、調理をしたり、バランスのいい食事メニューを考えたりするのが栄養士の仕事です。管理栄養士の資格を取得すれば、調理の現場だけでなく食品や薬の開発に携わることも。

Q 子育て中は？

女性が多く、家事や子育てとの両立に理解のある職場が多数。しかも日頃から原価と予算を念頭に置いて献立を考えているため、仕事で使う知識が家庭で役立ちます。食べ盛りの子どもやメタボ気味の夫も大助かり！

資格　栄養士（国家資格）MUST!
管理栄養士（国家資格）MUST!

お仕事データ

勤務場所：病院、学校、福祉施設、フィットネスクラブなど
勤務時間：1日8時間程度
休日：学校は土日祝日。病院は交代制
勤務形態：正社員、公務員、パート
給料：月収15万円程度から

この本を読んでみて！
『ホスピめし みんなのごはん』
野崎ふみこ／双葉社

栄養士の資格に、試験はありません。大学や短大、専門学校の栄養士養成課程を修了し、卒業すれば、各都道府県から交付されます。
比較的取得しやすい資格です。

どうやったらなれるの？

栄養士資格が取れる
専門学校、大学などを卒業
↓
栄養士として病院や企業に就職
↓
さらに資格を取得して
管理栄養士に！

栄養士と管理栄養士の違いは？

	栄養士	管理栄養士
取得にかかる年数	最短2年	最短4年
職場	学校、病院、福祉施設、保育施設、給食会社など	病院や福祉施設など
食事を提供する相手	一般の人	一般の人と傷病者
仕事内容	栄養の知識と調理技能をいかして、給食や食事の計画・調理・提供を担当する。	病気の人などに専門的な栄養指導をする。病院では栄養サポートチームの中心的存在として、栄養士をまとめることも。
給料	職務手当なし	職務手当あり

栄養士のほうが資格は取りやすい一方、給料は管理栄養士のほうが高いようです。
どちらも日頃から原価と予算を念頭に置いて献立を考えているため、
家庭でも、安くて簡単、美味しく健康的なメニューを組み立てられるようになります
（職場によって給料の仕組みは異なります）。

夢を叶えるのに遅すぎることはない。／ジム・モリス

調理師

- 飲食店や病院などで調理を担当。
- 立ち仕事中心のハードな職場。
- 開業するなら早めにライフプランを立てる。

▼

こんな人にピッタリ

調理師は立ち仕事。しかも一日中動き回っています。朝食メニューのあるお店は早朝から、ディナーメニューのあるお店は夜遅くまで長時間働くことも。体力は必須です。

未経験OK

資格が必要

女性が多い

自宅でできる

再就職しやすい

Q どんな仕事？

飲食店の厨房で料理を作り、お客様に提供する仕事。食材の仕入れ、メニュー開発、衛生面の管理も行います。作る料理は職場によってさまざまで、ホテルのコース料理や料亭の和食、食堂の定食、居酒屋の創作料理など多岐にわたります。

Q 子育て中は？

女性の場合、独立開業後、一人で調理師をしていると産休中は閉店しなければなりません。どのように子育てをしていくかを事前に考え、夫、家族、もしくは調理師仲間に相談し、準備を整えたうえで開業するのがオススメです。

資格　調理師免許（国家資格） MUST!

お仕事データ

勤務場所：レストラン、ホテル、食堂など
勤務時間：1日8～10時間程度
休日：週1～2日
勤務形態：正社員、経営者など
給料：月収17万円程度から

この本を読んでみて！

『食堂かたつむり』
小川糸／ポプラ社

ホテルやレストランで
修業をする場合、早朝勤務や
深夜勤務が入り、時間的にも
体力的にもハードな日々が続きます。
妊娠するまでに修業を
終えておくのがおすすめです。

どうやったらなれるの？

調理師専門学校を卒業
↓
レストランなどで働いて修業をする
↓
調理師に！

日々の料理にお客様への思いを込めて

修業時代は給与が少ないのが一般的ですが、独立して店が繁盛すれば収入も多くなります。そのためには料理の腕はもちろん、お店の雰囲気づくりやお客様との会話など、目に見えない部分まで気遣うことがとても大切。「こんなお店を持ちたい！」という夢を持つとともに、お客様を大事にする心を忘れないことが重要です。

感性をいかして活躍する女性が増加中！

飲食業は長時間にわたる立ち仕事や重い荷物の運搬があるハードな職場が多く、かつては男性が中心でした。今でも、一人の調理師が長時間厨房に立って料理を作る飲食店には男性が多く、分業制で拘束時間の短い病院の食堂などには女性の調理師が多いようです。しかし最近は飲食店の種類を問わず、女性の調理師が増えています。味だけではなく、見た目の美しさや可愛さにもこだわれば、インターネットを通じてお店の魅力が伝わることも。今後、女性調理師のさらなる活躍が期待されています。

家庭と両立したいなら早めの準備がカギ！

名店と呼ばれるレストランで修業をする場合は、前菜→肉料理→メインディッシュの順番で経験を積みます。経験と実力がともなわなければコース料理は作れないため、腕を磨くには時間がかかります。また、本格的に海外で修業をする人もいますが、女性の場合、出産や育児と同時に行うのは困難です。若いうちに修業を積み、出産までに自分のなりたい姿を考えておく必要があります。何歳までに産みたいのか、そのためにどんな準備をするべきなのか、早めに調べましょう。

友とぶどう酒は古いほど良し。／イギリスのことわざ

ファッションデザイナー

未経験OK
資格が必要
女性が多い
自宅でできる
再就職しやすい

- ○アパレルメーカーなどで既製服をデザイン。
- ○計画的に仕事を進めて家族の時間を確保！
- ○新デザインの発表会前は徹夜の日も。

こんな人にピッタリ

一年先の流行を先取りするセンスが必要。生地、染色、刺繍、人間の骨格などの知識を学ぶ姿勢はもちろん、大勢のスタッフとの共同作業が多いので、コミュニケーション力も不可欠です。

Q どんな仕事？

洋服のデザインをする仕事。一般にファッションデザイナーといえば海外に名を馳せる有名なデザイナーを想像しがちですが、実際には、アパレルメーカーに所属して既製服を大量にデザインする企業デザイナーがほとんど。

Q 子育て中は？

新デザインの発表会の前には徹夜をすることも。刺繍やボタン一つにも手を抜かず、理想を追求します。そのため一時的に家事や育児との両立が難しくなる場合がありますが、周囲と協力して計画的に進めれば家族との時間を確保できるでしょう。

資格 洋裁技術認定（一般財団法人日本ファッション教育振興協会）・ファッション色彩能力検定（一般財団法人日本ファッション教育振興協会）・ファッションビジネス能力検定（一般財団法人日本ファッション教育振興協会）など

お仕事データ

勤務場所：アパレルメーカー、個人事務所など
勤務時間：1日8時間程度。残業も多い
休日：週1～2日
勤務形態：正社員、契約社員、フリーなど
給料：月収17万円程度から

この本を読んでみて！
『デザイナー』
一条ゆかり／集英社

ファッションデザイナー

ファッションデザイナーは競争が激しく、採用の少ない世界。
デザイナーの登竜門と呼ばれるコンテストに応募するなど、
学生時代から積極的に動いて実績をつくりましょう。

どうやったらなれるの？

服飾系の専門学校、大学などを卒業

↓

アパレルメーカー、
デザイン事務所などへ就職

↓

ファッションデザイナーに！

あらゆるものがデザインのヒント。
服飾品以外から得るインスピレーションを大事にし、
常に感性を磨いておきましょう。

力と気品は、女の装身具である。／『旧約聖書』

アクセサリーデザイナー

未経験OK

資格が必要

女性が多い

自宅でできる

再就職しやすい

- 宝飾品の企画・デザイン・加工を行う。
- 日常生活から作品のヒントを得ることも。
- 子育て中は自宅で制作・販売！

こんな人にピッタリ

金属や布地など、素材の末端まで丁寧に処理をして作品を作ります。また、ネットショップを開く場合は配送の準備も手作業。手先が器用で細かい作業が好きな人に向いています。

Q どんな仕事？

指輪やブローチなどのアクセサリーをデザインして制作する仕事。デザイン画の作成や金属加工などさまざまな工程を一人でこなす職場と、分担する職場があります。最近は自宅でアクセサリーを手作りし、ネットショップで売る人も。

Q 子育て中は？

独立すると子育ての空き時間に自宅で制作から販売までできるため、家事との両立がしやすくなります。しかし値段が1点数千円程度の場合、アクセサリー作りに時間をかけても多くの収入は見込めません。

資格
ジュエリーコーディネーター
（一般社団法人日本ジュエリー協会）
貴金属装身具製作技能士
（国家資格）

お仕事データ

勤務場所：アクセサリー会社、宝石店、個人のアトリエなど

勤務時間：1日8時間程度。残業も多い

休日：土日祝日。フリーは不定期

勤務形態：正社員、契約社員。フリーも多い

給料：仕事内容によって変わる

この本を読んでみて！
『七つ屋志のぶの宝石匣』
二ノ宮知子／講談社

アクセサリーデザイナー

美大に通えばセンスは磨かれますが、専門学校のほうが現場に近い環境で学べます。ただしどちらも卒業後すぐに独立するのは危険。現場で人脈をつくってから独立するのがオススメです。

どうやったらなれるの?

デザイン系の専門学校、美大の工芸科などを卒業

↓

アクセサリー会社に就職

↓

アクセサリーデザイナーに!

アクセサリーデザイナーのなかでも、ジュエリーデザイナーという職種は格別。プラチナや金、銀などの貴金属や高価な宝石を扱うには、専門知識や特別な技術が必要です。

いいものに、はやりすたりはない。/ココ・シャネル

ヘア・メイクアップアーティスト

- 花嫁やモデルのヘア・メイクを担当。
- 土日祝日に仕事が入ることも……。
- 経験を積めば復職・再就職がしやすい！

未経験OK

資格が必要

女性が多い

自宅でできる

再就職しやすい

▼

こんな人にピッタリ

化粧品についての最新情報やファッション全般の動きに敏感な人、感性が豊かな人が向いている仕事。ファッションショーなど短時間で仕上げる仕事では、手際の良さが求められます。

Q どんな仕事？

結婚式場の花嫁やサロンを訪れる一般客から、TV、映画、舞台の出演者や、雑誌、ポスターに起用されたモデルまで、幅広くヘア・メイクを手がける仕事です。お客様の魅力を引き出しながら理想のイメージを表現します。

Q 子育て中は？

ブライダル関係の施設や写真館で働く場合、最も忙しくなるのは一般企業が休みになる土日祝日。若いうちは忙しい日が続きます。しかし産休・育休の前に経験を積んでおけば、復職や再就職はしやすいでしょう。

資格 美容師免許（国家資格）

お仕事データ

勤務場所：ヘア・メイクサロン、結婚式場など
勤務時間：不定期
休日：不定期
勤務形態：正社員、契約社員、パート、アルバイトなど
給料：仕事内容によって変わる

この本を読んでみて！

『アトリエ777』
きら／講談社

ヘア・メイクアップアーティスト

まずは美容専門学校に入学しましょう。学校には求人票が届くため、就職先が見つけやすいというメリットがあります。専門学校を卒業後、メイクの会社に入って技術を磨くのが一般的です。

どうやったらなれるの?

美容師の専門学校などを卒業

↓

見習いとして研修を積む

↓

ヘア・メイクアップアーティストに!

資格があると仕事の幅がぐんと広がる!

資格名	内容
美容師免許	パーマネントウエーブ、結髪、化粧などに関する国家資格。ブライダルヘア・メイクが中心の企業に就職する際は必要になるケースが多い。
日本メイクアップ技術検定	スキンケア、メイクアップ方法、カウンセリングなど、メイクアップの基本技術を習得するための最もメジャーな資格。必須ではないが、資格を持っていると「一定の技術がある」という証明になり、就職に有利。
パーソナルカラー検定	髪や肌、瞳の色などを分析して、似合うカラーを理論的に提案するための資格。お客様の魅力を最大限に引き出すことができるため、ヘア・メイクの完成度が高くなる。
アシスタント・ブライダル・コーディネーター検定	ブライダルに関する基本的な知識を習得するための資格。華やかなドレスや会場に合わせたヘア・メイクをする際、コーディネーターの資格があると便利。
着付けに関する資格	ヘア・メイクと同時に着付けをしたり、和装をした人にヘア・メイクをしたりする際、着付師の資格があると重宝される。特にブライダルヘア・メイクが中心の企業に就職する場合に役立つ。

中途採用で未経験可という募集はほとんどないため、若いうちに実績を積んでおくのがオススメです。さらに資格を取得すると、ブライダルやファッション関係など仕事の幅が広がり、さまざまな職場で働ける可能性も。

かけがえのない人間になるためには、常に他人と違っていなければならない。
／ココ・シャネル

ファッションプレス

- 自社の洋服の広告・宣伝に携わる仕事。
- 新商品の資料は欠かせない！
- 繁忙期は、残業・休日出勤の可能性も。

こんな人にピッタリ

ファッションのあらゆる知識を身につけ、洋服についてわかりやすく説明できるコミュニケーション力が必要。ブランドの顔としてメディアから取材を受けることもあるため、会話力のある人材が求められています。

未経験OK
資格が必要
女性が多い
自宅でできる
再就職しやすい

Q どんな仕事？

自社ブランドの洋服をアピール（宣伝）する仕事。商品を宣伝するためにファッションショーの企画や運営をしたり、マスコミからの問い合わせの対応、自分がモデルとして雑誌に出てブランドを宣伝することもあり、仕事内容は多岐にわたります。

Q 子育て中は？

アパレルメーカーやPR会社に所属して働くため、一般企業と同様に産休や育休を取得し、時短勤務制度がある場合は使うことができます。ただし新作を発表するシーズンは大忙し。効率的に仕事をしなければ残業や休日出勤になってしまうことも。

資格 ファッションビジネス能力検定（一般財団法人日本ファッション教育振興協会）・ファッション販売能力検定（一般財団法人日本ファッション教育振興協会）

お仕事データ

勤務場所：アパレルメーカー、PR会社など
勤務時間：1日8時間程度。イベント前は残業も
休日：土日祝日
勤務形態：正社員、契約社員、派遣社員など
給料：月収18万円程度から

この本を読んでみて！
『プラダを着た悪魔』
ローレン・ワイズバーガー、佐竹史子訳／早川書房

ファッションプレス

入社後すぐにプレスになることはなく、営業職や販売職でブランドの全体像を学んでから配属されるのが一般的。服飾の専門学校や大学でファッションの知識を学んでおくと有利です。

どうやったらなれるの?

服飾系の専門学校、大学などを卒業

↓

アパレルメーカーなどに就職

↓

営業や販売職で数年働く

↓

ファッションプレスに!

コラボ商品の企画など楽しみがいっぱい!

プレスは、洋服を売るためのイベントを企画したり、他の企業と一緒にコラボレーション商品を開発したりと、常に大胆で新鮮な企画を考えています。新作のカタログを作るときにはモデルの選定から携わり、撮影現場で直接話すことも。また自分自身が広告塔になり、雑誌で紹介されるケースも多くあります。まさにファッション業界の花形!　アパレルファッション、コスメティック、ジュエリー、ランジェリーなど、いわゆるカタカナ業界のプレスは特に人気があり、競争率も高くなっています。

資料の送付など、新作発表シーズンは多忙!

普段はプレスルームという部署で雑誌やテレビ番組向けに洋服の貸し出しを行っていますが、新作を発表するシーズンになると俄然忙しくなります。載せてほしい雑誌の編集者に資料を送り、掲載が決まったら写真の撮影や原稿のチェックを行います。大手アパレルメーカーは働きやすい環境の整備に取り組んでいますが、多忙な時期は残業せざるをえない日もあるでしょう。

知名度アップに大苦戦!　新作ブランドのプレス

新作ブランドの場合はゼロからのスタート。ブランドを立ち上げても、洋服に魅力があっても、知名度が低くお客様が来なければ意味がありません。出版社に売り込んだりファッションショーを開いたりと、プレスが駆け回ります。もちろん、商品の質問をされたら何でも答えられるように事前の勉強も必須!　新作が出る前に商品情報を頭に叩き込みます。

世間が失敗だと言っても私がそう思わなかったら失敗にはならない。／山本容子

アパレルショップスタッフ

未経験OK

資格が必要

女性が多い

自宅でできる

再就職しやすい

○お客様の好みに合わせて洋服を販売。

○人見知りせず、初対面でも楽しく会話。

○土日出勤が多く、家族と休みが合わない。

▼

こんな人にピッタリ

自分の好みではなく、お客様が本当に必要とする服を見抜いて提案する仕事。日々ファッションの勉強が欠かせません。本当に服が好きな人でなければ長年勤めるのは難しいでしょう。

Q どんな仕事？

アパレルショップで洋服を販売する仕事です。コーディネートやサイズ選び、商品の扱い方などをアドバイスして購入してもらい、売り上げ目標の達成を目指します。取り扱うブランドの服を定価より安く買えることも。

Q 子育て中は？

倉庫から届いた洋服を開店前に並べたり、洋服が見やすいようにたたんだりと仕事はハード。年末年始、お盆、ＧＷなどの大型連休こそ稼ぎどきなので、子どもや夫とともに休むことができず退職していく人も大勢います。

資格 販売士（日本商工会議所）・衣料管理士（一般社団法人日本衣料管理協会）・ファッション販売能力検定（一般財団法人日本ファッション教育振興協会）

お仕事データ

勤務場所：アパレルショップなど

勤務時間：1日8時間程度

休日：週1～2日

勤務形態：正社員、アルバイトなど

給料：月収16万円程度から

この本を読んでみて！

『Real Clothes』

槇村さとる／集英社

子育て後の主婦が正社員やパートとして中途採用されることも。特に経験者は優遇される傾向にあります。ブランドごとに方針が違うので、学生時代にアルバイトをして自分に合う店を探しましょう。

どうやったらなれるの?

高校、専門学校、大学などを卒業
↓
アパレルメーカーなどに就職
↓
アパレルショップスタッフに!

最新の洋服が半額!? お得な従業員割引

仕事中の制服は自分が取り扱っているブランドの服。着こなしの見本になるため、最新の服が入荷したらすぐに購入して自分で試着します。でも全部買うとお給料がなくなっちゃう……。そんなときに便利なのが、従業員割引！ 割引率はブランドによってさまざまですが、ほぼ全てのブランドが実施しています。なかには家族の分まで安く買うことができるブランドも！ 新作の洋服を安く買えて、毎日楽しくコーディネートできる、服好きにはたまらない仕事です。

努力次第で店長に。センスを磨いて勝負！

アパレルショップスタッフは、経験が少なくてもチャンスをつかみやすい仕事。実力をつければ昇進・昇格もあり、若くしてトレーナーや店長になれる可能性も十分にあります。評価のポイントは、売り上げへの貢献度や着こなしのセンス、お客様に接する態度。ショップスタッフからファッションプレスや本社へ異動したい人も、現場でセンスとコミュニケーション能力を磨きましょう。

ファッション業界は超競争社会!?

ファッションの流行は移り変わりが激しく、去年まで大人気だったお店が翌年にはガラガラ……なんてことも。都心の激戦区には新しいショップがどんどんオープンするので、常連客をつかまなければ売り上げが下がるケースもあります。しかし一方でタレントやモデルなどの芸能人がブログでお店を紹介すると人気が急上昇し、売り上げが右肩上がりになることも！ ショップの閉店前や閉店後に芸能人がお忍びで来たときは、ベテランのショップスタッフが対応します。

ファッションはすたれる。だが、スタイルは永遠だ。／イヴ・サンローラン

パタンナー

- イメージを形にするデザイナーの相棒！
- 洋服を見ただけで、型紙が思い浮かぶ。
- 独立後は自宅で製作、ネットで販売も。

こんな人にピッタリ

生産しやすい縫製方法や無駄のない生地の使い方など、服飾加工全般に関する知識や技術、ファッションセンスを身につける努力も必要ですが、実際は机に向かう作業の多い地味な仕事。真面目で落ち着いている人に向いています。

Q どんな仕事？

ファッションデザイナーが描いたデザイン画をもとに、洋服を作るための型紙作りをする仕事。イメージを実際に服のカタチにする重要な役割で、パタンナーの腕次第で商品の完成度が大きく変わると言われています。

Q 子育て中は？

パタンナーのなかには結婚や出産を経て独立し、自宅で型紙製作を引き受けている人も。インターネット上には主婦パタンナーが個性を発揮した型紙を販売したり、型紙製作を請け負ったりしているサイトが多数あります。

資格 パターンメーキング技術検定（一般財団法人日本ファッション教育振興協会）

お仕事データ

勤務場所：アパレルメーカー、サンプルメーカー、ファッション企画メーカーなど
勤務時間：1日8時間程度
休日：不定期
勤務形態：フリーランスが主流。正社員や契約社員も
給料：月収18万円程度から

この本を読んでみて！
『誌上・パターン塾 Vol.1 トップ編』
文化出版局編／文化出版局

未経験OK
資格が必要
女性が多い
自宅でできる
再就職しやすい

専門職だから、即戦力になる技術を持ち合わせていないと、就職は困難。でも「パターンメーキング技術検定」の資格を取っておくと、就職に有利になります。

どうやったらなれるの?

服飾系の専門学校、大学などを卒業

↓

アパレルメーカーに専門職として就職

↓

パタンナーに!

気になる「1着あたりの相場」はいくら?

服の種類	金額
Tシャツ	1万2000円~
スカート	2万円~
ズボン	2万3000円~
ワンピース	2万6000円~
コート・ジャケット(パーツの多いもの)	3万2000円~

(2018年現在)

フリーランスの場合、相場は上記の通りです。
しかし服飾業界のなかには、服の種類にかかわらず1000~2000円で発注する人や、相場がわからず安価な値段で引き受けてしまうパタンナーもいます。
独立する前に、高額の仕事を定期的に発注してくれる取引先を見つけておくと安心です。

衣服は身体を隠すためではなく、見せるためにあるのよ。/マリー・クワント

ソーイングスタッフ

未経験OK
資格が必要
女性が多い
自宅でできる
再就職しやすい

○デザインをもとに縫製して洋服を作る！
○安価な服が増え業界は下降傾向に。
○自宅でできるため比較的続けやすい。

▼

こんな人に
ピッタリ

細かい仕事を器用にこなす能力と、どんな仕事でも均質で丁寧に仕上げる精神力が必要。針を動かし、単純作業を繰り返してものを作り上げるのが好きな人に向いています。

Q どんな仕事？

洋服やバッグなど、布地を使った商品の縫製を専門的に手掛ける仕事。縫製工場で洋服の襟や袖などのパーツを縫う人から、コレクションに出すサンプル品の制作やオーダーメイドを任される人まで、技術力によって扱う商品が異なります。

Q 子育て中は？

ファッション業界の裏方的存在ですが、アパレルメーカーや個人経営のブティックから仕事をもらえれば自宅で子育てをしながら働けます。アパレルショップスタッフより両立しやすく続けやすい仕事です。ただし服飾業界は下降気味なので要注意。

資格　洋裁技術認定（一般財団法人日本ファッション教育振興協会）
紳士服製造技能士（国家資格）

お仕事データ

勤務場所：アパレル系の会社や工場、自宅など
勤務時間：1日8時間程度。交代制の会社も
休日：週休1～2日
勤務形態：正社員、契約社員、パートなど
給料：月収16万円程度から

この本を読んでみて！
『繕い裁つ人』
池辺葵／講談社

ソーイングスタッフ

アパレルメーカーや繊維メーカーに勤める人が大半ですが、なかには中小企業や個人店で働く人も。給料は不安定ですが、丸ごと1着を任されるためやりがいがあります。

どうやったらなれるの？

高校、服飾系の専門学校、大学などを卒業

↓

アパレル系の会社、工場などに就職

↓

ソーイングスタッフに！

自宅でチクチク♪ 大好きな服を作ろう－

長年働き技術を身につけたベテラン社員は、在宅スタッフとして自宅で作業をすることも！ 家事や育児の合間にファッションに携わる仕事ができるため、将来を見据えてこの仕事を選ぶ人もいます。ただし、上司の目が届かない自宅で仕事をするには厚い信頼が必要。サボったり品質を落としたりする行為はもちろん、スケジュール管理から調べものまで自分で行わなければならないため、会社に勤務している間に独立できるくらいの能力を身につける必要があります。

実は体力仕事！ 肩や腰を痛めることも

洋服の縫製を担当するソーイングスタッフは、一日中ずーっと同じ姿勢。靴や革バッグなど厚手の布地を扱う場合は、重い生地を運んだり、力を込めてミシンをかけたりと、想像以上に体力を使います。仕事の合間にリフレッシュしながら働いているものの、肩や腰を痛める人が多いのが現実。自宅で仕事をする場合は軽作業がメインですが、業務用のミシンを購入しなければならず、初期投資が必要です。

職場は郊外が多い⁉ 工場への出勤が大変

縫製工場の多くは、土地代の安い郊外にあるので、若者が集まりにくく、社員は外国人労働者や高齢者が大半ということも。「プチプラ」や「メイドインジャパン」という言葉に消費者が惹かれるのを知っている企業は、できる限り経費を抑えた国内工場で、安く販売できる洋服を大量生産しています。ファッション業界の華やかなイメージが先行しないよう、まずは実際に縫製工場やオーダーメイドの店舗を訪ね、職場環境や職人の様子を見てみましょう。

行動こそが、不安への良薬だ。／ジョーン・バエズ

ネイリスト

- ○ オーダーに合わせて爪のお手入れ！
- ○ サロン勤務の場合収入は低めのことも。
- ○ 人気店は土日に休みをとりづらい。

こんな人にピッタリ

実は、職人のような技術職。爪のカットや手入れから始めるとお客様1人あたり2～3時間かかることも。手先が器用で、長時間集中力を保てる人に向いている仕事です。

未経験OK

資格が必要

女性が多い

自宅でできる

再就職しやすい

Q どんな仕事？

マニキュアやデコレーションパーツを使って爪を飾り付ける仕事。一人でできる仕事なので、約20万円の道具一式を買い揃えれば自宅で開業も可能です。まずは一度店舗に勤めてセンスと技術を磨き、常連客を獲得してから独立しましょう。

Q 子育て中は？

サロンに勤務した場合、収入はOLと同じかやや低め。高収入を得たい場合は自宅で開業し人気店にする方法がありますが、顧客が増えるほど仕事も増加。家事や育児と両立したい場合は仕事量が増えすぎないよう調整しましょう。

資格 ネイリスト技能検定試験資格（公益財団法人 日本ネイリスト検定試験センター）など

お仕事データ

勤務場所：ネイルサロン、エステティックサロン、美容室、結婚式場など

勤務時間：1日8時間程度。ショップの開店時間によっては、交代制になることも

休日：平日に週休1～2日

勤務形態：正社員、契約社員、経営者など

給料：月収15万円程度から

この本を読んでみて！

『&』
おかざき真里／祥伝社

ネイリスト

検定で2級に合格すると就職に有利になりますが、合格率は30～40%ほど(2015年現在)。ネイルの専門学校などで実習や模擬試験を繰り返し、実技試験対策をしましょう。

どうやったらなれるの?

高校、大学などを卒業

↓

ネイルスクール、専門学校などに通う

↓

ネイルサロンに就職

↓

ネイリストに!

学ぶ場所によって、就職しやすさが違う!

学び方	専門学校の母体	就職について	メリット	デメリット
専門学校	ブライダル事業のある企業	結婚式場に就職しやすい	卒業後、ブライダル業界で活躍できる。最近は特に花嫁のメイクとネイルをトータルで行う結婚式場が多い。	費用が高い。資格取得後も毎日通学する必要がある。美容全般について学ぶため、ネイル以外の授業が多い。
	エステ事業のある企業	エステサロンに就職しやすい	卒業後、エステ業界で活躍できる。在学中にエステの技術を習得することも可能。	
	学校法人などの教育機関	就職サポートが受けられる	ネイルだけでなく美容全般について学べるため、さまざまな資格が取得できる。	
ネイルスクール		就職サポートが受けられる	開業コース、検定対策、セルフネイルなどさまざまなコースがあり、自分に合う授業が受けられる。	費用が高い。ネイルに関する知識と技術の習得に集中できるが、他の知識や技術は身につかない。
通信教育		自分で就職先を探す	自宅で知識と技術を身につけられるため、家事や育児と両立しやすい。費用はスクールより安い。	実技は動画を見て学ぶケースが多く、講師のアドバイスを直接受けられない。

人は女に生まれない。女になるのだ。／シモーヌ・ド・ボーヴォワール

ビューティーアドバイザー

未経験OK

資格が必要

女性が多い

自宅でできる

再就職しやすい

○化粧品やメイク方法を紹介する仕事。

○清潔感があり美容や服装は一流！

○妊娠や出産の経験が仕事にいきる！

こんな人にピッタリ

自ら常に隙なくメイクを施し、徹底した〝美〟を追求する仕事です。周囲に流されず、自分自身で効果があると感じたものを積極的に発信できる人に向いています。

Q どんな仕事？

デパートの化粧品コーナーや、化粧品メーカー直営の化粧品店でカウンセリングを行い、お客様一人ひとりに合わせた化粧品やメイクアップの方法を紹介する仕事です。つるつるの肌を目指す美顔、ネイルケアなど、お客様の悩みに合ったトリートメントを行うことも。

Q 子育て中は？

お客様のなかには、妊娠・出産によって体質が変化した人もいるかもしれません。そんなお客様が来店したとき、自分も子どもを産んでいると、経験を踏まえてアドバイスをすることができます。年齢にかかわらず、スキンケアやメイクに関する自分の経験をいかして活躍できる仕事です。

| 資格 | 特になし

| お仕事データ |

勤務場所：デパートの化粧品コーナー、化粧品メーカー直営の化粧品店、自宅など
勤務時間：1日8時間程度
休日：週1～2日
勤務形態：正社員、契約社員、派遣社員など
給料：月収17万円程度から

この本を読んでみて！
『メロディ・フェア』
宮下奈都／ポプラ社

ビューティーアドバイザー

講習の内容はメーカーによって異なります。「20歳以上」「学生不可」など、制限を設けている企業もあるため、就職活動を始めたらすぐ、入念に調べましょう。

どうやったらなれるの?

高校、専門学校、大学などを卒業

↓

化粧品メーカーなどに就職

↓

ビューティーアドバイザーになるための講習を受ける

↓

ビューティーアドバイザーに!

自宅なら、子育てをしながら仕事ができる!

自宅で美容サロンを開業すると、子育てをしながらビューティーアドバイザーの仕事ができます。出勤する必要がないため、子育てや家事で忙しくても無理なく自分のペースで進められるのが一番の魅力。経営が波に乗れば、自分の頑張り次第で収入アップも可能です。ただし、子どもが一人で大人しくしていられるようになるのは小学校高学年から(個人差があります)。それまでどのように働くか、人生設計を立てておくとよいでしょう。

ノルマ達成のために友達を失わないように

ビューティーアドバイザーは女だらけの世界。競争意識の強い職場では、ライバルと火花を散らすことも。そんなとき、ノルマ達成のために家族や友達に商品を売る人もいます。本当に相手のためを思って売っているのかもしれませんが、売り方によっては「ノルマ達成のために利用された」と思う人も出てくるでしょう。仕事とプライベートの線引きは人それぞれですが、お金では買えない人と人とのつながりを仕事で失うことのないよう気をつけましょう。

危険! マルチ商法や違法な取引に注意

化粧品メーカーのなかにはマルチ商法という違法な方法で商品を販売している会社もあります。「あなたも会員にならない?」と勧誘するとボーナスが得られる仕組みで、交友関係を利用して会員を増やしていく商法です。この商法は法律により厳しく規制されています。「会員を増やせば自分の利益も増える」「誰でも簡単に儲けられる」といった甘い言葉には十分注意しましょう。

ただメイクをして、外に出て、何かをしてこよう。／エマ・バントン

美容師

○お客様のヘアスタイルを整える仕事。
○立ち仕事で体力を消耗しやすい。
○働く女性向けの制度の導入は遅れ気味。

未経験OK

資格が必要

女性が多い

自宅でできる

再就職しやすい

こんな人にピッタリ

技術と同じくらい必要なのがコミュニケーション力。お客様の雰囲気、髪質、流行などをきちんと把握したうえで最適な髪型を提案できる素養が、これからの美容師には求められます。

Q どんな仕事？

ヘアカット、カラー、シャンプー&ブロー、パーマなどを行い、お客様の希望に応じた髪型を作る仕事です。フリーランスになることも可能。華やかですが、立ち仕事からくる腰痛や薬剤によるひどい手荒れが原因で退職する人もいます。

Q 子育て中は？

昼休憩なしでお店に立ち続けたり、閉店後に練習をしたりと、修業のように仕事をこなします。最近は少しずつママ美容師が増えていますが、環境改善ができず、家庭と両立するための制度の導入が遅れている店舗もまだまだ多くあります。

| 資 格 | 美容師免許（国家資格） MUST!

| お仕事データ |

勤務場所：美容室、エステティックサロン、結婚式場など
勤務時間：1日10時間程度。残業も多い
休日：平日に週1～2日
勤務形態：正社員、契約社員、経営者など
給料：月収17万円程度から

この本を読んでみて！
『アイツとカノジョと魔法の手』
しばの結花／小学館

美容師

入社後はシャンプー、ブロー、掃除や先輩の手伝いを担当。ハサミを持つまでに3～5年かかります。なお、美容師の養成学校を卒業していないと国家試験を受けることはできません。

どうやったらなれるの?

高校などを卒業後、
美容師養成学校に入学

↓

美容師国家試験に合格

↓

美容室、結婚式場などに就職

↓

美容師に!

七五三シーズンには女の子向けのヘア・メイクの指導をしたり、こどもの日にはお子様無料キャンペーンを実施したりと、ママ目線のアイデアをいかしたイベントも可能。

女の落ち込みは、有名な病院ではなくそこらの美容院で治るもの。
／メアリー・マッカーシー

アロマセラピスト

- 気分に合わせて香りをコーディネート。
- アロマボトルは常に身近に。
- 経験を積めば自宅で開業も可能!

こんな人にピッタリ

人体の仕組みに関する知識も必要とされる職業です。単に香りを楽しむだけでなく、欧米の民間療法に関心がある、人間の自然治癒力について勉強してみたいという人に向いている仕事です。

Q どんな仕事?

植物からとれる精油（エッセンシャルオイル）を使って、香りやマッサージで心と体の不調を和らげる仕事。香りを楽しむだけでなく、精油をブレンドしたトリートメントオイルにより、自然治癒力を高める効果もあると言われています。

Q 子育て中は?

アロマサロンやエステティックサロンで働く人が大半を占めますが、経験を積めば自分のお店をオープンすることも。自分自身もリラクゼーション効果を得たり、心身のバランスを整えたりすることができ、子育てと両立しやすい仕事です。

資格 アロマコーディネーター（日本アロマコーディネーター協会）・アロマテラピーアドバイザー（公益社団法人 日本アロマ環境協会）・アロマテラピーインストラクター（公益社団法人 日本アロマ環境協会）・アロマセラピスト（公益社団法人 日本アロマ環境協会）など

お仕事データ

勤務場所：アロマサロン、エステティックサロン、アロマショップなど
勤務時間：お店の開店時間の間で、交代制が多い
休日：平日に週1～2日
勤務形態：正社員、契約社員など
給料：月収12万円程度から

この本を読んでみて!
『アロマ物語　ストーリーで学ぶアロマテラピー』
湖池健彦／文芸社

未経験OK
資格が必要
女性が多い
自宅でできる
再就職しやすい

アロマセラピスト

精油を使った石鹸や化粧品に注目が集まっているため、作り方を教える講師として自宅で開業している人もいます。香りを使った商品の開発スタッフとして企業で活躍することも。

どうやったらなれるの？

日本アロマコーディネーター協会に所属する専門学校を卒業

↓

アロマコーディネーターライセンスの認定試験に合格

↓

アロマサロン、エステサロンなどに就職

↓

アロマセラピストに！

明るい人になれるかも！ アロマの不思議な力

アロマセラピストになると性格が変わることもあると言われています。過去には「明るい声で話しかけることができるようになった」という人や「自分の考えを整理しながら会話ができるようになった」という人もいました。アロマに限らず自分が好きなものを通して人と接すると、コミュニケーション能力が向上するのかもしれません。

不規則な勤務で自分の体がお疲れモードに

アロマサロンやエステティックサロンで働いたり、経験を積んで独立したり、医療現場でアドバイザーとして活躍したり、精油を使った石鹸や化粧品の作り方を教えたりと、さまざまな分野で活躍できるのがアロマセラピストのいいところ。ただし職場によっては、夜勤と昼勤が交互に入り、体のリズムが崩れてしまうことも……。体調が悪くなる前に新しい知識を身につけて、働きやすい環境の職場に転職しましょう。

アロマが副作用を起こすことも……

日本では〝手軽な癒しグッズ〟として大人気のアロマ。買ってすぐにセットできるアロマディフューザーやアロマキャンドルがインテリアショップなどで次々にヒットしています。しかし西洋では「アロマ」と言えば古くから医療現場で使われてきた本格的な医薬品。使い方を間違うと副作用が起きてしまうことも……。趣味を仕事にすることも一つの幸せな働き方ですが、正しい知識と技術を持っていなければお客様に害を与えてしまう可能性もあります。専門学校に入学して、勉強に励みましょう！

幸福は香水のようなものである。人に振りかけると自分にも必ずかかる。
／ユダヤの格言

エステティシャン

- 美容のプロとして自分もお客様も美しく！
- 明るい笑顔で、細やかな気配りができる。
- 女性が多く働き続けやすい環境。

こんな人にピッタリ

美容や健康に対する意識が高く、キレイであり続けるための努力を怠らない人に向いています。美意識の大切さを他の誰かに伝えたいという強い思いがあれば、長く活躍できるでしょう。

未経験OK　資格が必要　女性が多い　自宅でできる　再就職しやすい

Q どんな仕事？

ダイエット、ネイルケア、つるつるの肌を目指す美顔、むだ毛を処理する脱毛など、髪以外の全身をケアする美容のプロ。お客様の悩みや年齢、体質、性格に合ったエステティックを行います。土日に客足が伸びる店が多く、平日休みが一般的。

Q 子育て中は？

家族と過ごすために土日休みにしたり、自分のペースで働いて子育てと両立したりするために、独立を目指す女性が大勢います。しかし自宅での独立・開業は苦難の道。サロンに勤めている間に、クチコミで広まるくらいの実力を身につけ、リピーターになってくれるお客様を見つけておくとよいでしょう。

資格　認定エステティシャン（一般社団法人日本エステティック協会）

お仕事データ

勤務場所：エステティックサロン、美容室、化粧品メーカー、ホテルなど
勤務時間：1日8時間程度（交代制）
休日：週1～2日
勤務形態：正社員、契約社員、派遣社員など
給料：月収18万円程度から

この本を読んでみて！

『ビネツ』
永井するみ／小学館

エステティシャン

仕事や育児で忙しく
毎日通学できない人向けに
通信講座を用意している学校も
あります。教科書や映像教材を
使って自宅で基礎を学び、
実技を習得するため複数回学校に
通うと資格を取得できます。

どうやったらなれるの?

高校、大学などを卒業
↓
エステティシャンの
養成学校を卒業
↓
エステティックサロンなどに就職
↓
エステティシャンに!

立ちっぱなしだったり
前かがみの姿勢が続いたり……。
エステティシャンのなかには
肩や腰に痛みを感じながら
笑顔で接客している人もいます。
頑張りすぎて体調を崩さないよう
自分の体を第一に考えましょう。

私は常に自分を自分の人生の主人公として大切にしてきました。／メリル・ストリープ

COLUMN 1

なりたい職業が思いつかないときは?

「好きなことを仕事にしたいけど、何が好きかわからない」と悩んでいる人はいませんか? そんな人は、ぜひ次の方法を試してみてください。

●今すぐに好きなことを見つけたい人

急いでいる人は、スーパーやショッピングモールに行ってみましょう。隅から隅まで歩いたとき、あなたはどこを素通りし、どこで足を止めるでしょう? 思わず立ち止まったところが、あなたの好きな商品やサービスのある場所です。また、気になった商品を裏返してみると、たいていのものには会社名が記されています。そこにはきっと、日常生活の中では知ることのない会社があるはず。詳しく調べてみると、将来の仕事につながるかもしれません。

●好きなことをゆっくり探す時間がある人

毎日の暮らしのなかで、自分が「楽しい!」と思ったことをスマートフォンやメモ帳に書き留めてみましょう。写真を撮るのもいいですね。遊びでも、食べ物でも、趣味でも構いません。少しずつためていくと、だんだん自分が見えてきます。もしメモすることがなかったら、「無人島で3年間暮らすなら、何を持っていく?」という究極の質問を自分に投げかけてみるのもいいですね。どうしようもないくらい時間があるときにやりたいこと。それはきっと、あなたの好きなことです。

何も思いつかないときは、無理に考えなくても大丈夫。人の心には波があるものです。気持ちが落ち着いたときに改めて自分と向き合ってみましょう。今は見えなくても、興味の持てる分野はきっと見つかります。なぜなら〝好きなこと〟は他の誰でもないあなたのなかにあるから。

例えばあなたの好きな食べ物は、今までに食べたもののなかの一つですよね。「まだ食べたことはないけど、エジプト料理が大好き!」という人はいないはず。毎日食事をしていたら、「なんとなくだけど、この味は好き」と思うことがあるように、あなたの好きなものも、意外と身近なところで見つかりますよ。

C O L U M N 2

フリーランスとして働けるのはどんな人？

フリーランスとして働いていると、「一人で仕事をしていて眠くならない?」と、よく聞かれます。もちろん眠くなることもありますが、その回数は会社員時代よりもずっと少なくなりました。自分の体質やホルモンバランスの変化に合わせて、働き方や睡眠時間を調整できるようになったからです。

とはいえ、人によっては周囲に人がいたほうが仕事がはかどる人もいます。独立してみたけれど、フリーランスの働き方が合わなくて会社員に戻る人もいます。フリーランスが自分に向いているのかどうか、できれば独立する前に知りたいですよね。

しかし残念ながら、向き不向きは自分でやってみなければわかりません。向いているのかどうかは感覚的なもので、他人には判断できないからです。とはいえ、それを逆に考えると、他人から「絶対に無理」と言われてもやってみたらできるかもしれない、ということです。「いつか独立したい」と思ったら、フリーランスになったつもりで仕事をしてみましょう。私は会社員時代に、次の５項目をこっそり試していました。

- 自宅やコワーキングスペースなど会社以外で仕事をする。
- 仕事を斡旋してくれそうな人をリストアップする。
- 収入や支出の目安を書き出す。
- 手帳やアプリケーションを使って予定を自己管理する。
- 確定申告について調べてみる。

新社会人の場合は、企業で社会人としての経験を積み、人脈を広げておくのがおすすめです。さらに仕事がなくなっても数か月は生活に困らない程度の蓄えを持っておくと安心ですよ。

企業のなかには、独立を応援してくれる会社や、独立後も在職中と同じように仕事を割り振ってくれる会社もあります。そういう会社にはすでに独立している元社員が何人もいるはず。できる範囲で情報を聞き出してみましょう。「私ならできそう」という感覚を積み重ねれば、独立への道はきっと見えますよ。

2

旅行や外国が好き！

語学・海外

- 翻訳家→p70
- 日本語教師→p72
- 貿易事務→p74
- 駐在員
- 現地ガイド
- 外交官
- 国連スタッフ
- 大使館スタッフ
- 現地スタッフ指導員
- 日本食レストラン オーナー
- 在留邦人向け メディア記者

etc.

- 通訳→p68

いろいろな場所へ行ってみたいと思う。
海外の映画や写真を見るだけでわくわくする。
言葉や人種の壁を越えて気持ちを
伝え合ってみたいと思う。
そんな思いがエネルギー源です。

旅行・乗り物

- パイロット
- 航空整備士
- 運行管理者
（ディスパッチャー）
- グランドスタッフ→p78
- ツアープランナー→p80
- ホテルウーマン→p82
- バスガイド→p84
- 運転士・鉄道員→p86
- タクシードライバー→p88
- トラックドライバー

etc.

- フライトアテンダント→p76

通訳

- 会話を聞いて、口頭で翻訳する仕事。
- 海外情勢などニュースにも詳しい。
- 家事や育児と両立しやすく9割が女性。

こんな人にピッタリ

海外言語の語学力と同様に日本語力を高めたい人に向いています。またネイティブスピーカーは、教科書とは異なる文法で話すこともあるため、会話の意図をつかむ力が必要です。

未経験OK

資格が必要

女性が多い

自宅でできる

再就職しやすい

Q どんな仕事？

日本語から外国語、外国語から他の外国語に、その場で置き換える仕事です。特定の企業に勤めて海外取引の際に通訳をする社内通訳や、臨時で通訳が必要な際に呼ばれるフリーランスの通訳がいます。

Q 子育て中は？

フリーランスになると家族のスケジュールに合わせて仕事量を調整できるため、家事や子育てとの両立がしやすく、通訳の9割を女性が占めています。また実力や経験があれば年齢に関係なく続けられるため、子育てが落ち着いたタイミングで通訳を目指す人も多くいます。

資格　外国語通訳検定「TOIFL」（一般社団法人 外国語通訳検定協会）
ビジネス通訳検定「TOBIS」
（NPO法人通訳技能向上センター）

お仕事データ

勤務場所：国際会議、国際イベント、講演会、テレビのニュース番組など
勤務時間：1日8時間程度
休日：不定期
勤務形態：正社員、契約社員、フリーなど
給料：仕事量によって変わる

この本を読んでみて！
『同時通訳はやめられない』
袖川裕美／平凡社

大学や大学院、留学経験のみで通訳の高度な能力を身につけるのは困難なため、専門学校に通うのが一般的です。通訳としての能力を証明できる通訳案内士などの資格を取っておくと有利。

どうやったらなれるの？

語学専門学校などを卒業
↓
資格を取得
↓
通訳派遣会社に登録
↓
通訳に！

実力次第で高収入も夢じゃない！

キャリアによって変わりますが、フリーランスで仕事を請けた場合、通訳ガイドは1日2万〜3万円、同時通訳は日給5万〜10万円が目安です。産休・育休復帰後にこれほど高額な収入を得られる仕事はなかなかありません。しかしフリーランスは仕事によってお客様が異なるため、それぞれの専門分野に合わせた予習が必要です。TOEICが満点、英検1級に余裕で合格できても、まだスタートライン。高収入を得るためには、それに応じた努力が必要です。

夜泣きの合間の勉強。体はへとへとに……

通訳は日々の勉強と経験がものを言う職業ですが、正社員でもフリーランスでも、出産の際は仕事を休まなくてはなりません。その期間は人によってさまざまで、母子ともに健康ですぐ復帰できる人もいれば、長期入院する人や、無事出産できても子どもの病気によって10年以上復帰できない人もいます。長いブランクができてしまった人のなかには、家事や育児の合間に勉強して感覚を取り戻している人もいるようです。

準備の大変さをわかってもらえず低賃金に

通訳は実力があれば年齢に関係なく続けられる仕事。家庭との両立や人生設計がしやすいため、女性に人気です。しかし通訳者が最も時間を割く事前準備の大変さを周囲の人が理解してくれないことも。資料に目を通し、専門用語を調べ尽くすのにはかなりの時間が必要ですが、家でもできるため周りからは簡単そうだと思われがち。その大変さを理解されず低賃金になってしまうこともあります。

人生とは動詞であって、名詞ではない。／シャーロット・パーキンズ・ギルマン

翻訳家

未経験OK

資格が必要

女性が多い

自宅でできる

再就職しやすい

- ○さまざまな言語の文章を日本語に翻訳する。
- ○外国語はもちろん、日本語も得意!
- ○自宅で自由に仕事ができ両立しやすい。

▼

こんな人にピッタリ

語学力は当然必要ですが、歴史や文化、政治、経済、芸能、スポーツなど幅広い知識と教養が求められます。また日本語にも精通している必要があります。

Q どんな仕事?

世界各国の言語で書かれた文章を日本語に訳す仕事。小説などの文芸作品を翻訳する「文芸翻訳」、企業や研究者が利用する資料類の翻訳をする「実務翻訳」、映画やドラマ、雑誌、歌詞を翻訳する「メディア翻訳」などがあります。

Q 子育て中は?

フリーランスなら自宅で仕事ができるため、家事や育児と両立しやすい仕事として女性に人気です。しかし新卒でいきなり独立する人はほとんどいません。副業として始め、仕事が軌道に乗ってきたら翻訳家を本業にするケースが一般的です。

資格 翻訳専門職資格試験(一般社団法人日本翻訳協会)・JTFほんやく検定(一般社団法人日本翻訳連盟)・TQE(株式会社サン・フレア)※言語によって異なります

お仕事データ

勤務場所:事務所、自宅など

勤務時間:1日8時間程度

休日:不定期

勤務形態:フリーランスが主流。正社員も

給料:仕事量によって変わる

この本を読んでみて!

『あなたも翻訳家になれる!―エダヒロ式[英語→日本語]力の磨き方』
枝廣淳子/ダイヤモンド社

フリーになる場合は、まず翻訳会社に登録します。そこから仕事を回してもらう場合がほとんど。ほかに、語学専門学校時代の友人から仕事をもらうこともあります。人脈づくりが肝心です。

どうやったらなれるの?

語学専門学校などを卒業

↓

翻訳会社に登録

↓

翻訳家に!

翻訳料金の一例

ウェブ記事	5000円～
映像(10分あたり)	5000～1万円
映画字幕(1本あたり)	2万～50万円
書籍(1冊あたり)	25万円

翻訳家の料金設定は人によって大きく異なります。
できるだけ高い収入を得たいところですが、育児中はハプニングがつきもの。
急に熱を出した子どもの看病に追われて低品質な翻訳を出してしまった場合、
もう二度とその会社から仕事がこなくなってしまう可能性も。
無理のない範囲で仕事を受けるなど、
自分なりの方法で工夫しながら仕事に取り組む姿勢が大切です。

怠惰は魅力的に見えるけれど満足感を与えてくれるのは働くこと。／アンネ・フランク

日本語教師

- 外国人に日本語や日本文化を教える。
- 絵やジェスチャーで意味を説明。
- 育児経験のある日本語教師が人気！

こんな人に
ピッタリ

どんな人とでも根気良く向き合い、日本の文化や習慣を丁寧に教えられる人に向いている仕事です。また日々異文化に接するため、考え方の違いを楽しんだり受け入れたりできる心の広さが必要です。

Q どんな仕事？

外国人に日本語を教える仕事です。「半年～1年間、専門講座を履修すれば教壇に立てる」というクチコミで人気を集めていますが、実際は狭き門。ほとんどの学校が「日本語教育能力検定（合格率20％程度）」の合格者のみを採用しています。

Q 子育て中は？

非常勤講師の場合は短時間勤務で済むため、子育て中の主婦に向いています。ボランティアとして長年外国人に日本語を教えてきた人や、海外生活の経験がある人が優先的に採用されているようです。

資格 日本語教育の博士号か修士号（国内の大学や国の教育機関で教える場合）・日本語教育能力検定試験（公益財団法人日本国際教育支援協会／国内にある民間の日本語学校で教える場合）・海外の教員免許（海外の大学や国際機関で日本語を教える場合）

お仕事データ

勤務場所：国内・外の日本語学校など
勤務時間：1日8時間程度。残業も多い
休日：週2日程度
勤務形態：正社員、契約社員、アルバイトなど
給料：月収15万円程度から
（国内の場合）

この本を読んでみて！
『日本人の知らない日本語』
蛇蔵&海野凪子／KADOKAWA

未経験OK
資格が必要
女性が多い
自宅でできる
再就職しやすい

日本語教育能力検定は合格率が
約20%の難しい試験。受験に
向けて長期での勉強が必要です。
日本語学校を経営している
日本語教師養成学校の場合、
卒業後にそのまま就職できることも。

どうやったらなれるの？

日本語教師養成講座を履修
↓
日本語教育能力検定試験に合格
↓
日本語学校に就職
↓
日本語教師に！

女性日本語教師が外国人ママを救う！

外国人労働者の男性が増えるにつれ、その妻として日本に渡り、移住する外国人女性も増えています。しかし日本語を理解できなければ日常生活に困ってしまいます。パートやアルバイトとして働くことはもちろん、子どもが通う幼稚園や小学校からの学校通信を読むこともできません。そこで活躍するのが、育児経験のある女性日本語教師。主婦・母としての悩みを親身になって聞き丁寧にサポートする姿勢が、外国人ママから人気を集めています。

給料はパートと同水準！ 生計を立てるのは困難

日本語の指導は、長年無料奉仕のボランティアが行っていました。そのため現在でも給料は決してよくありません。例えば民間の日本語学校の給料の相場は、1コマ(45分)あたり1500～2000円。アルバイトやパートの募集時平均時給は1000円以下なので、一見高いように思えます。しかし実際は宿題のチェックや授業の準備など時間外の仕事が多く、実質的な時給が1000円以下になってしまうことも。この仕事で生計を立てるには、相当な授業数をこなす、もしくは専任講師になるという、家事や育児と両立するには難しい道を選ばなくてはならない可能性があります。

海外で活躍するなら現地の大学へ留学を

日本語教師のなかには海外で働いている人もいます。海外では現地の教員免許が必要な場合が多く、海外の大学に留学する必要があります。その後、現地で募集広告を見て応募したり、日本の日本語学校から派遣されたりして就職しているようです。

あるべき姿ではなくありのままの人間を受け入れよう。／フランツ・シューベルト

貿易事務

未経験OK
資格が必要
女性が多い
自宅でできる
再就職しやすい

○企業間の貿易の事務処理を行う。
○英語力をいかして長く働ける職業。
○大企業なら残業が少なく両立しやすい。

こんな人にピッタリ

貿易取引や外国為替に関する知識、専門用語の理解が求められます。語学だけでなく、海外の経済動向にも興味・関心のある人に向いている仕事です。

Q どんな仕事？

商品の輸出入に必要な書類の作成など、貿易をする際の事務処理に携わる仕事。貿易には、商品の受発注から輸送手続き、倉庫の手配、通関手続き、船積み手続き、代金の回収まで、さまざまなステップがあります。中小企業ではその全てを一手に、大手企業では分担して行います。

Q 子育て中は？

時差のある国と取引をすると勤務時間がズレてしまうため、毎日残業になる可能性もあります。しかし大手企業は職場環境が整っている傾向にあり、家事や育児との両立もしやすくなります。また実務経験があれば再就職しやすい職業です。

資格　通関士（国家資格）MUST!

お仕事データ

勤務場所：商社、メーカー、銀行、保険会社、海運会社など
勤務時間：1日8時間程度
休日：土日祝日
勤務形態：正社員
給料：月収20万円程度

この本を読んでみて！
『マンガでやさしくわかる貿易実務』
片山立志／日本能率協会マネジメントセンター

貿易事務

取引をする国によって言語が
異なりますが、多くの企業が英語を
使用しています。TOEICの目安は
500点以上。ただし実際は、
一定数の単語さえ覚えればできる
業務もあります。

どうやったらなれるの？

高校、専門学校、大学などを卒業
↓
一般企業に就職
↓
貿易事務に！

海外の時間に合わせて働く必要があるときは深夜まで残業。大手企業ではそのようなことがないよう管理されていますが、中小企業では振り回されることもしばしば。

わたしはいつも、物を手に入れることより翼が欲しいと望んでいる。
／パット・シュローダー

フライトアテンダント

- 飛行機内で快適な空の旅をサポート。
- 早朝・深夜の勤務や海外での宿泊も。
- 子育て中は家族の手助けが必須！

こんな人にピッタリ

教養、礼儀、語学力、柔軟な対応力が求められます。しかし、人気が高すぎてそれだけでは採用されません。どのように働きたいか、自分なりの明確なビジョンを持つことが大切です。

未経験OK　資格が必要　**女性が多い**　自宅でできる　再就職しやすい

Q どんな仕事？

飛行機内で、安全で快適な空の旅を楽しんでもらうためのサービスを行う仕事です。飛行機が飛ぶ前にお客様を座席へ案内し、シートベルトや手荷物をチェック。非常事態時には安全を確保し、乗客を誘導するという重要な役割も。

Q 子育て中は？

国内線・国際線などフライトは自分で選べないため、子育て中は夫や家族などのサポートが必要不可欠です。勤務日数は月20日前後。土日祝日に休めないことも多く、早朝出社、深夜帰宅、ホテル泊まりで家に帰れない日もあります。

資格　赤十字救急法救急員資格（日本赤十字社）
TOEIC（一般社団法人国際ビジネスコミュニケーション協会／企業によって点数が異なります）

お仕事データ

勤務場所： 飛行機内、空港など
勤務時間： 不規則（早朝や深夜の交代制）
休日： 3～4日働き、1～2日休む（交代制）
勤務形態： 正社員、契約社員、派遣社員など
給料： 月収19万円程度から

この本を読んでみて！
『翼、ふたたび』
江上剛／PHP研究所

必須の資格はありませんが、飛行機内での業務に支障のないよう視力や身長、高い英語力を応募条件として課す航空会社も多く、狭き門となっています。

どうやったらなれるの？

専門学校、大学などを卒業
↓
航空会社に就職
↓
フライトアテンダントに！

就職のチャンス拡大中！ 狙い目は外資系とＬＣＣ

全日空（ＡＮＡ）、日本航空（ＪＡＬ）をはじめとする国内エアライン約20社はもちろんのこと、シンガポール航空、ルフトハンザドイツ航空など、約40社もの外資系エアラインが積極的に日本人乗務員を採用しています。外資系エアラインでは「日本人のお客様には日本人にしかわからない独特のニーズがある」と言われており、日木人のお客様に対応したり、外国人乗務員と日本人のお客様の橋渡し役を任されたりします。近年はＬＣＣ（格安航空会社）も増加したため、少しずつ就職のチャンスが増えています。

ＡＮＡ、ＪＡＬの契約社員の採用制度が撤廃

入社時は契約社員として時給換算の給与をもらい、3年後に正社員になる仕組みをとっていたＡＮＡは2014年、ＪＡＬは2016年度より契約社員採用を撤廃。正社員として雇用されるので、入社時からステップアップの道が開けています。

地獄の地上訓練!? 飛行機内は危険だらけ

就職後は1か月半の地上訓練。試験に合格しなければ、空港に所属することはできません。まずは机上の知識習得のため、学校の教室のようなところで行なわれる「座学」に取り組み、その後、機内の実物大模型「モックアップ」を使った実技など専門的な授業を受けます。試験に合格した後も訓練は続行。飛行機の故障、機内での火事、テロやハイジャックなど、さまざまな事態を想定した訓練を行って非常時に備えています。飛行機内は常に危険と隣り合わせ、という意識が大切です。

従順な女は天国へ行くが生意気な女はどこへでも行ける。／ウーテ・エーアハルト

グランドスタッフ

- 座席の予約から出発まで全てをサポート。
- トラブル時、冷静になれる判断力が必要。
- 引っ越しをしても再就職可能！

未経験OK

資格が必要

女性が多い

自宅でできる

再就職しやすい

こんな人にピッタリ

フライトアテンダントのように、身長や視力の制限はなく高度な英語力も求められません。しかし変則的な勤務が多く、毎日広い空港内を動き回ったり荷物を運んだりするため、体力は必須です。

Q どんな仕事？

空港内で飛行機に乗るための手続きをする仕事です。座席を予約し、搭乗券を発行。荷物を預かり、スムーズに出発できるよう案内します。また欠航が生じた際にはキャンセルの受付や宿泊施設の確保など、柔軟かつ冷静に対応します。

Q 子育て中は？

女性が多いため産前・産後の制度は充実していますが、給料に不満を持って転職する人も多くいます。ただし日本全国に空港があるため、引っ越し先でも転職しやすい職業です。経験者ならさらに有利に。

資格 特になし

お仕事データ

勤務場所：空港

勤務時間：1日8時間程度（早朝や深夜の交代制）

休日：4～5日働いて2日休む（交代制）

勤務形態：空港会社の正社員、契約・派遣社員など

給料：月収17万円程度から

この本を読んでみて！

『あぽやん』

新野剛志／文藝春秋

大学の英語系学部出身者がほとんど。エアライン関連企業への就職を目指す人のための専門学校や、英会話スクールのエアライン向け特設クラスに通う人もいます。

どうやったらなれるの？

高校、専門学校、大学などを卒業

↓

航空会社などに就職

↓

グランドスタッフに！

時短勤務もスムーズで女性に優しい職場！

グランドスタッフは飛行機の便ごとに担当が決まっています。午前中から昼にかけて到着する便だけを担当すれば、時短勤務で早々に帰ることも可能！　自分の業務を他の人に引き継がないため、時短をするからといって人に気を遣うこともほとんどありません。女性が働きやすい職場と言えるでしょう。空港で荷物の積み降ろしやトレーラーの運転をする男性と結婚する人も多いようです。

チケットシステムを覚えるのにひと苦労

最近は、早めにチケットを予約することで割引になる「早割」や飛行機を利用するたびにポイントがつく「マイレージ」など、航空会社によっていろいろなチケットやサービスがあります。乗る側は便利ですが、チケットを手配するグランドスタッフは大変！　完璧に覚えなければ仕事が進みません。ある程度分担されてはいますが、機械が苦手な人は最先端のシステムを覚えるのに苦労するかも。

空港を走る毎日！　体力勝負の何でも屋さん

空港内はトラブル続き。飛行機に乗る時間になってもゲートへ来ないお客様がいれば空港内を探して走り回り、見つけたらまた一緒に走ってゲートへ。遅延が発生したときには、接続するバスやフェリーを止めるため乗り場へ走ります。大雪や台風などによって欠航があれば、チケットの処理と宿の確保に奔走する一日。昼食をとる暇がないことも。それでも「お客様のために、何とかしてあげたい！」と思うのがグランドスタッフ。空港の何でも屋さんとして、今日も走っています。

人生は、楽でなくてもいいのよ。大切なのは空っぽにならないことだけ。
／ライザ・ミネリ

ツアープランナー

- ◯旅行プランの作成&手続きをする仕事。
- ◯電車や飛行機など交通手段に詳しい。
- ◯旅行同行が少なく子育てと両立しやすい。

こんな人に
ピッタリ

豊富な旅行知識と経験が求められます。時には時刻表をもとに全プランを組み上げることも。交通機関の手配や代金の精算時にミスがないよう、細やかな対応ができる人に向いている仕事です。

未経験OK
資格が必要
女性が多い
自宅でできる
再就職しやすい

Q どんな仕事？

旅行会社のカウンターでお客様にご要望を聞きながら旅行プランを立てる仕事。まずは行き先や日程をもとにツアーを探し、交通機関や宿泊場所を決めてスケジュール表を作成。それをもとに費用を算出し、旅行に必要な手続きを行います。

Q 子育て中は？

ツアーコンダクター（添乗員）と違い、旅行同行業務がほとんどなく、家事や育児と両立しやすい仕事です。ツアーコンダクターとして実績を積み資格を取得した後、経験をいかしてツアープランナーに転職する女性が多くいます。

資格 国内・総合旅行業務取扱管理者（国家資格）
国内・総合旅程管理主任者（一般社団法人 全国旅行業協会or指定研修機関）

お仕事データ

勤務場所：旅行会社
勤務時間：1日8時間程度
休日：週2日（交代制）
勤務形態：正社員、契約社員、派遣社員など
給料：月収16万円程度から

この本を読んでみて！
『ツアコン！』
相戸結衣／宝島社

専門学校や大学などで観光学の基礎知識を修得しておくと就職に有利。また語学系の学部・学科で語学を修得しておくと、海外旅行の手配業務に役立ちます。

どうやったらなれるの？

専門学校、大学などを卒業

↓

旅行会社に就職

↓

ツアープランナーに！

早朝からクレーム対応に奔走！

どんなにお客様を思って企画しても、旅行直前にキャンセルが発生したり、旅行の後に苦情を受けたりすることがあります。

クレームの具体例

- **台風で飛行機が飛ばない！**
- **地震などの災害で新幹線が止まり、自宅に帰れない。**
- **パスポートと航空券のローマ字表記が違っていて飛行機に乗れない！**
- **旅行先の国際情勢が悪化しているから旅行をキャンセルしたい。**

一部の旅行会社は、営業時間外にトラブルがあった場合の緊急連絡先を社員の携帯電話に設定しています。
たとえ子育て中であったとしても関係なく、早朝や深夜にお客様からクレームの電話がかかってくることもあるようです。

自分が行ったことのない場所に行くのが、わたしの好きなこと。／ダイアン・アーバス

ホテルウーマン

- 宿泊客を24時間サポートする仕事。
- 周囲と協力して勤務時間を調整!
- 年中無休で休みがとりづらい……。

こんな人に
ピッタリ

一番求められるのは気配りと気遣い。昨今は語学力も武器になります。入社後の社員研修で学ぶチャンスもありますが、日常的な会話をこなせる程度の語学力がある人が有利です。

未経験OK
資格が必要
女性が多い
自宅でできる
再就職しやすい

Q どんな仕事?

ホテルを利用するお客様に対して、さまざまなサービスを提供するスタッフ。最高のおもてなしができるよう分業化されており、受付・案内・会計などを担当するフロント係、宴会を仕切るイベント担当者などがあります。

Q 子育て中は?

どのホテルも24時間体制で動いているため、夜勤は必須。ただしホテルによっては育児期間中のみ夜勤を避けるなど、配慮してもらうことが可能です。育児が落ち着いたら夜勤に復帰して、次に育児をする後輩を支えましょう。

資格 特になし

お仕事データ

勤務場所:シティホテル、リゾートホテル、ビジネスホテルなど
勤務時間:1日8時間程度(交代制)
休日:週1〜2日
勤務形態:正社員
給料:月収14万円程度から

この本を読んでみて!
『総選挙ホテル』
桂望実/KADOKAWA

ホテルウーマン

午前10時～午後3時頃に仕事をする客室係は、パート採用の人がほとんど。お客様がチェックインするまでの間に、ベッドメーキング、室内の清掃、備品の整理などを行います。

どうやったらなれるの？

高校、専門学校、大学などを卒業

↓

ホテルに就職し、
3か月～半年間研修を受ける

↓

ホテルウーマンに！

ホテルではなく旅館の場合は仲居さん。
働きながら着物の着付けやおもてなしの精神を身につけることができます。

失敗とは転ぶことではなく、そのまま起き上がらないことなのです。
／メアリー・ピックフォード

バスガイド

- ○ バスに乗車して楽しい旅へとご案内！
- ○ 屋外を歩いて観光案内をすることも。
- ○ 子育てが落ち着いてから復職もＯＫ。

▼

こんな人にピッタリ

初対面の人と半日～数日間ともに過ごすため、人見知りせず、サービス精神旺盛で、人と接することの好きな人に向いています。暗記の得意な人は、歴史や文化も楽しめるでしょう。

未経験OK　資格が必要　**女性が多い**　自宅でできる　**再就職しやすい**

Q どんな仕事？

観光バスに乗車して、旅の案内をする仕事。案内の仕方はバス会社によって異なりますが、歴史や文化を説明したり、ゲームで車内の雰囲気を盛り上げたり、乗客が快適に過ごせるよう常に気を配り、楽しい旅を演出します。

Q 子育て中は？

立ち仕事が多いため健康であることが不可欠！結婚と同時に退職する人も大勢います。しかしその一方で、子育てが落ち着いた段階で復職する人も。観光シーズンのみ経験者を臨時で雇用する会社も多く、自由に働くことができます。

資格　国内旅程管理主任者（日本添乗サービス協会or指定研修機関）

お仕事データ

- 勤務場所：バス内、旅行先
- 勤務時間：ツアー行程によりさまざま
- 休日：週1～2日
- 勤務形態：正社員、契約社員など
- 給料：月収16万円程度から

この本を読んでみて！

『ある日、アヒルバス』
山本幸久／実業之日本社

就職までに必要な資格は
ありませんが、就職後に半年～1年
間研修があり、そこでさまざまな
仕事を覚えます。入社直後は
早朝勤務の仕事も多く、同期や
先輩社員と寮で生活する会社も。

どうやったらなれるの?

高校、専門学校、大学などを卒業

↓

観光バス会社に就職

↓

バスガイドに!

「はとバス」のような定期観光バスのほか、修学旅行や社員旅行などの団体旅行や、外国人専用の観光バスも。外国人専用の場合は、語学のスキルがいかせます。

わたしは旅にある。過去へ戻る旅ではなく、前へ行く旅である――。
／アガサ・クリスティ

運転士・鉄道員

- 電車の運転や車内アナウンスなどを担当。
- 時には電車内の事件に対応することも。
- 女性が働きやすい環境が整いつつある。

こんな人にピッタリ

分刻みのダイヤに従って定刻通り目的地に到着しなければならず、慎重かつ冷静な判断力が求められます。集中力を持続させるため、体調管理をしっかり行うことが大切です。

未経験OK
資格が必要
女性が多い
自宅でできる
再就職しやすい

Q どんな仕事？

運転士は電車や機関車を運転する仕事。鉄道員は運転以外の仕事です。例えば車掌は運転士のサポート役として乗車し、車内アナウンスや車内の温度管理を行います。また駅案内では乗り換えの相談など、お客様の問い合わせに答えます。

Q 子育て中は？

どの職種も夜間や早朝の運行があるときは泊まり勤務となり、休みも不規則。子育て中は家族のサポートが必須です。近年は女性社員を増やそうとする動きが活発化し、産休や育休の制度を一般企業以上に整える鉄道会社が増えています。

資格 動力車操縦者運転免許（国家資格）
運転士のみ MUST!

お仕事データ

勤務場所：電車・新幹線内、駅
勤務時間：1日8時間程度
（早朝や深夜にわたる交代制）
休日：週2日程度
勤務形態：正社員
給料：月収16万円程度から

この本を読んでみて！
『駅物語』
朱野帰子／講談社

技術の進歩によって運転の
自動化が進んでいます。しかし
天気や乗車人数によって進行速度
は変わるもの。乗り心地や
安全性を考慮した運転は
人間だからこそできることです。

どうやったらなれるの？

高校、専門学校、大学などを卒業
↓
鉄道会社に就職し鉄道員に!
↓
動力車操縦者養成所で講義を受け
動力車操縦者試験に合格
↓
運転士に!

運転士・鉄道員のスケジュール例

1週間のスケジュール例	
月	休み
火	休み
水	朝9時に出勤・泊まり勤務
木	朝10時に帰宅
金	朝9時に出勤・夕方に帰宅
土	夕方に出勤・泊まり勤務
日	朝10時に帰宅

1日のスケジュール例（9時出勤の場合）	
9:00	出勤・着替え
10:00	乗車する電車の確認
10:30	乗務開始（1時間ごとに休憩）
12:00	昼食
22:30	運転状況の報告
23:00	仮眠
4:00	起床
4:30	乗車する電車の確認
5:00	乗務再開（1時間ごとに休憩）
9:00	勤務終了

早朝から深夜まで走っている交通機関。運転士や鉄道員は24時間体制で勤務しています。しかし近年は女性にとってつらい職場とならないよう上司に考慮してもらえることも多く、少しずつ職場環境が改善されています。

行く価値のある場所には近道などひとつもない。／ビヴァリー・シルズ

タクシードライバー

- ○交通事情や観光情報に詳しい地域の運転手。
- ○仕事量を調整できる働きやすい環境。
- ○保育施設と連携しているタクシー会社も！

こんな人にピッタリ

運転技術はもちろん、その地域の交通事情や地理に関する知識がなければ務まりません。降車時に「お忘れものはありませんか？」と一声かけるなど、お客様を気遣う心も大切です。

未経験OK
資格が必要
女性が多い
自宅でできる
再就職しやすい

Q どんな仕事？

お客様を車に乗せて目的の場所まで送り届ける仕事。タクシー会社によって形態が異なりますが、昼・夜・通しなどシフト制の場合がほとんどです。比較的就職しやすく、個人の裁量で仕事ができるため育児中でも働きやすい職業です。

Q 子育て中は？

タクシー業界全体を見ると女性ドライバーはまだまだ少数派です。しかし、お客様のなかには女性ドライバーを指名する人もいます。そのため保育施設と連携して環境を整え、女性社員を積極的に採用しているタクシー会社もあります。

資格　普通自動車第2種免許 MUST!

お仕事データ

勤務場所：タクシー会社
勤務時間：1日8時間程度
（16時間勤務で1日休み、という場合もあり）
休日：週2日
勤務形態：正社員
給料：基本給15万円程度+歩合制

この本を読んでみて！
『東京タクシードライバー』
山田清機／朝日新聞出版

タクシードライバー

タクシードライバーに年齢制限はありません。しかし普通免許取得後3年の運転経験がなければ第2種免許が取得できないため、21歳以上でなければタクシー運転手にはなれません。

どうやったらなれるの？

普通自動車第2種免許を取得

↓

タクシー会社に就職

↓

タクシードライバーに！

妊娠・出産経験が役立つ「マタニティタクシー」

かつてはタクシードライバーといえば男性のイメージがありましたが、最近は女性が徐々に増えています。一部のタクシー会社では、女性ドライバーを増やすために女性専用の更衣室や仮眠室、休憩所を完備するなど、働きやすい環境づくりを進めているそう。妊娠中の利用者のための「マタニティタクシー」というサービスも登場し、妊娠や出産の経験を仕事にいかすことができます。

普通自動車免許のみでも安心して入社可！

タクシードライバーになるには第2種免許が必要ですが、タクシー会社によっては、公認の教習所に通わせてもらうこともできます。取得にかかる期間は最短で10日前後。さらに座学や路上での研修も充実しています。なお年齢制限はありませんが、免許取得後3年の運転経験がないと第2種免許を取ることができません。そのため日本の場合、タクシードライバーになれるのは21歳以上。新卒でドライバーになるのではなく、他業種からの転職組が多い業界です。

意外に大変!! 個人タクシーへの道

個人タクシー事業者になるとシフト制ではなくなり、自由に働くことができます。しかし35歳未満の場合は、10年以上継続して同一のタクシー会社かハイヤー会社での乗務経験があること、10年間無事故・無違反であること、50万～70万円の資金を有することなど、厳しい条件があります。個人タクシー事業者を目指す場合は、結婚や出産などのライフイベントを考慮して早めに計画を立てましょう。

道に迷うことは、道を知ることだ。／スワヒリのことわざ

3

アートや表現が好き！

クリエイター以外にも作品作りに関われる
仕事はたくさんあります。学校で、美術や音楽、
国語が苦手だった人でも大丈夫。
大勢の人が個性をいかして活躍しています。

- フラワーデザイナー→p100

文化施設

- 図書館司書→p94
- 図書館研究員
- ミュージアムショップスタッフ
- 空間デザイナー

etc.

- 学芸員→p92

お祝いごと

- ウエディングプランナー→p96
- ドレスコーディネーター→p98
- ブライダルヘア・メイク
- 婚礼カメラマン、キッズカメラマン etc.

エンターテインメント・メディア

- 小説家→p102
- ダンサー・振付師→p106
- 声優→p108
- 女優
- ミュージシャン
- サウンドエンジニア
- 楽器職人
- ピアノ調律師
- アナウンサー→p110
- ラジオパーソナリティ→p112
- テーマパークスタッフ→p114
- イラストレーター→p116
- アニメーター
- CGクリエイター

- カメラマン→p120

- アートディレクター
- 広告プランナー
- プロデューサー
- ライター→p118
- 絵本作家
- 書店員
- 脚本家
- 編集者
- 新聞記者
- コピーライター
- ブロガー
- テレビカメラマン→p122
- テレビディレクター
- 放送作家
- 照明・音響・美術スタッフ
- ゲームクリエイター→p124

etc.

- 漫画家→p104

学芸員

- 博物館で作品と来館者をつなぐ橋渡し役。
- 海外の博物館への貸し出し交渉も。
- 非正規雇用の社員が多い。

こんな人にピッタリ

貴重な資料を収集し、情報を広く発信していく仕事です。知識だけでなく、わかりやすく説明する能力や、国宝級のものを扱う強い責任感などが求められます。

未経験OK　資格が必要　女性が多い　自宅でできる　再就職しやすい

Q どんな仕事？

科学館や美術館などさまざまな博物館で、資料の収集、保管、調査、研究、展示などを行う専門的な仕事です。開館中は来館者を案内し、取材や電話に対応。閉館後は資料整理や予算の作成、会議、企画展の準備など多くの仕事をこなします。

Q 子育て中は？

学芸員の資格取得者は世の中に大勢いますが、元々採用枠が少なく、高い学歴を持ちながらも非正規雇用の社員として働く人が増えています。非正規雇用の場合は給料が少ないことが多いため、家計の副収入とするのがオススメです。

資格　学芸員（国家資格）MUST!

お仕事データ

勤務場所：科学館、美術館、歴史博物館、屋外博物館など
勤務時間：1日8時間程度
休日：博物館の休館日
勤務形態：公務員、正社員など
給料：月収17万円程度から

この本を読んでみて！
『展覧会いまだ準備中』
山本幸久／中央公論新社

公立の施設で働くには、公務員採用試験に合格しなければなりません。私立の施設の場合は、大学での研究が認められて採用されることも多くあります。

どうやったらなれるの？

大学の学芸員養成課程を修了するor学芸員資格認定試験に合格する
↓
博物館に就職
↓
学芸員に！

学芸員の仕事の一例

時間帯	仕事内容
開館前	博物館全体の掃除
	展示品の状態確認
	駐車場の見回り
開館中	博物館内の見回り
	グッズ販売
	受付のサポート
	取材・電話対応
	博物館内・外で開催されるセミナーの対応
閉館後	企画展やセミナーの準備
	予算の作成
	作品や資料の収集・整理
	社内会議や社外での打ち合わせ

学芸員は博物館内の見回りをしたり解説をしたりするだけの楽な仕事、と思ったら大間違い！　毎日仕事に追われ、残業の多い職場もあります。家事や育児の時間を確保するため、正社員から非正規雇用社員に替わらざるを得ないケースもあるようです。

忍耐と勤勉と希望と満足とは境遇に勝つものなり。／国木田独歩

図書館司書

- ○図書館の本を管理し、運営する仕事。
- ○子育て経験をいかしてイベントを企画。
- ○正社員として働き続けるのは大変。

▼

こんな人にピッタリ

利用者からの質問に答えるのも図書館司書の仕事。日頃からさまざまなジャンルの本を読んで知識を増やし、利用者からの相談に備えましょう。コミュニケーション能力は必須です。

未経験OK

資格が必要

女性が多い

自宅でできる

再就職しやすい

Q どんな仕事？

司書の仕事は図書館運営全般にわたります。本の選定・運搬・整理と、予約・貸出・返却の手続きはもちろん、絵本の読み聞かせ、特集棚の設置も行います。学校図書館では授業のサポートや独自イベントを企画することも。

Q 子育て中は？

図書館には子ども向けの本も多数あるため、子育ての経験が役立ちます。しかし重い本の運搬などのハードな仕事もあり、募集も限られています。正社員ではなくパートや契約社員として働いたほうが、家庭との両立はしやすいでしょう。

| 資格 | 司書（国家資格）

お仕事データ

勤務場所：図書館
勤務時間：1日8時間程度
休日：交代制
勤務形態：正社員、契約社員など
給料：月収15万円程度から

この本を読んでみて！
『夜明けの図書館』
埜納タオ／双葉社

図書館司書

図書館で働くには、必ずしも司書資格が必要なわけではありません。3年以上の勤務経験を積み、個々の図書館の職員採用試験を受けて合格すれば、司書になることができます。

どうやったらなれるの?

大学などで図書館学を履修or文部科学大臣認可の大学の司書講習を修了する

↓

司書資格を取得

↓

図書館に就職

↓

図書館司書に!

学校の図書館司書は授業に参加することも

学校では調べ学習で図書館を利用することがあります。そんなとき、司書は事前に本を選定したり、授業の支援をしたりします。一時的に仕事量は増えますが、子どもたちが積極的に本を読む姿を見てやりがいを感じる人も多いようです。

子育ての経験をいかしてイベントを企画!

図書館ではさまざまなイベントが開催されています。時には自分の子育て経験をいかして、子ども向けの読み聞かせ会を開くことも。子どもが喜ぶのはどんな本か、母親が参加しやすいのはどんな時間帯か、経験をもとにイベントを企画し、図書館内の掲示板などで告知します。

イメージと違う!? 司書の過酷な現場

のんびりと作業をして、暇があったら本が読める、というイメージを持たれがちですが、実は、カビの生えた本を片付けたり、重い本を持ったりと体力を使う仕事です。また、平日・休日関係なく開館しているところもあるため土日出勤もあります。しかし、それでも正社員枠の募集に多くの人が殺到するほど人気。本に囲まれて働ける、読書家にとってはたまらない職場です。

図書館でトラブル発生! まずは周囲に相談

各市区町村の図書館は誰でも入れる公共施設ゆえに、いたずら好きな子どもやクレーマーに悩まされる可能性もあります。大きなトラブルに発展するケースもあるため、トラブルが起きたら、まずは周囲の司書に相談して対応策を練りましょう。

あらゆる良書を読むことは過去の最良の人物たちと会話をすることだ。
／ルネ・デカルト

ウエディングプランナー

- 未経験OK
- 資格が必要
- 女性が多い
- 自宅でできる
- 再就職しやすい

○ お客様の理想の結婚式を実現する仕事。

○ いつでも礼儀正しく、姿勢よく。

○ ベテランもいるが3年程で退職する人多数！

こんな人にピッタリ

接客をする機会が多いため、人と接するのが好きな人に向いています。また書類の作成も重要な仕事の一つです。きめ細やかに計画を立てて確認を怠らず、コツコツ慎重に準備を進める姿勢が求められます。

Q どんな仕事？

理想の結婚式のイメージを聞き、式当日までサポートする仕事です。レストラン挙式や海外挙式などバリエーションが増えたため、レストランやブライダルプロデュース会社などさまざまな組織に所属するようになりました。

Q 子育て中は？

華やかで女性に人気があり、福利厚生などのサポートを充実させている会社が多い業界です。しかし結婚式が重なる春や秋は激務になりやすく、3年程で退職してしまう人が多いようです。土日は必ず出勤しなければならないため、家族と休日を過ごすのは難しいでしょう。

資格 特になし

お仕事データ

勤務場所：結婚式場、ホテル、レストラン、ブライダルプロデュース会社など
勤務時間：1日10時間程度（閑散期は8時間）
休日：週2日（交代制）
勤務形態：正社員、契約社員
給料：月収16万円程度から

この本を読んでみて！
『幸せをつくるシゴト 完全オーダーメイドのウェディングビジネスを成功させた私の方法』 山川咲／講談社

ブライダル専門学校もありますが、
一般大学を卒業して
ウエディングプランナーになる人
のほうが多数を占めています。
未経験者の募集もあり、門戸は
広く開かれています。

どうやったらなれるの？

高校、専門学校、大学などを卒業

↓

結婚式場のブライダル部門、
ウエディングプロデュース会社
などに就職

↓

ウエディングプランナーに！

一流のマナーが完璧に身につく！

和装・洋装どちらでも、結婚式ではマナーをわきまえて行動しなければいけません。もちろんウエディングプランナーも、入社と同時に花嫁道具の由来や披露宴で使ってはいけないNGワードなどを一つずつ覚えます。入社直後はわからないことも多く戸惑いもありますが、経験を積めば積むほど身のこなしが美しくなり、友人の結婚式などプライベートでも大いに役立ちます。お金を払って通うマナー教室に行かずとも、仕事をしながら一流のマナーが身につく、お得な職場です！

お客様の幸せを一番に考えて

お客様のなかには、なるべくお金をかけずに挙式をしたい人や、子どもが生まれる前に急いで披露宴をしたい人もいます。また、親からの理解がないまま結婚式を挙げるカップルや、複数回目の結婚式になるカップルもいます。お客様の話にしっかりと耳を傾け、お客様にとって何が幸せなのかを真剣に考えましょう。

激務でクタクタ……。ホテルの挙式担当は大変

結婚式といえば華やかなイメージですが、その裏側は激務。特にホテルのブライダル部門は、そもそもすぐに配属される保証はなく、ドアマンから修業を積むことも。配属されたとしても、ホテル内には「○○の間」と呼ばれる披露宴会場が複数あり、一日に複数組の挙式を担当することもあるため、一日1～2組限定の結婚式場より一層忙しくなります。ウエディングプランナーを目指すなら、つらくてもやり切るという覚悟を持ってチャレンジしましょう。

一目惚れを信じることよ。／サラ・ベルナール

ドレスコーディネーター

未経験OK

資格が必要

女性が多い

自宅でできる

再就職しやすい

- 結婚式のトータルコーデはお任せ！
- 出産経験をいかして妊婦さんのドレス選び。
- 土日フル出勤で家族との時間はわずか。

こんな人にピッタリ

お客様にドレスを着てもらう際は、下着姿になってもらいます。不快にならない距離を保つ、適度に声をかけるなど、細やかな気遣いで安心感を与えられる人に向いている仕事です。

Q どんな仕事？

一人ひとりの個性に合わせたドレスをご提案し、ヘアスタイル・メイク・アクセサリーなどのトータルコーディネートを行う仕事です。結婚式場の雰囲気や体型、嗜好などあらゆる要素を考慮して理想の一着を探します。

Q 子育て中は？

新婦が妊娠中の場合、出産経験のあるドレスコーディネーターが大活躍！ 挙式の1週間前に再度試着を勧めるなど、女性ならではの経験をいかすことができます。しかし土日はほぼフル出勤。家族との時間がとれていない人もいます。

資格 特になし

お仕事データ

勤務場所： 結婚式場、ホテル内のドレスショップ、ドレス専門店など
勤務時間： 1日8時間程度
休日： 週2日（交代制）
勤務形態： 正社員、契約社員
給料： 月収18万円程度から

この本を読んでみて！
『本日は大安なり』
辻村深月／KADOKAWA

ドレスコーディネーター

女性向けの福利厚生が充実した企業も多くあります。ただし制度があるだけで利用されていない場合もあるため、就職する前に、産休や育休の取得率も調べましょう。

どうやったらなれるの?

高校、専門学校、大学などを卒業

↓

結婚式場、ホテル内のドレスショップ、ドレス専門店などに就職

↓

ドレスコーディネーターに!

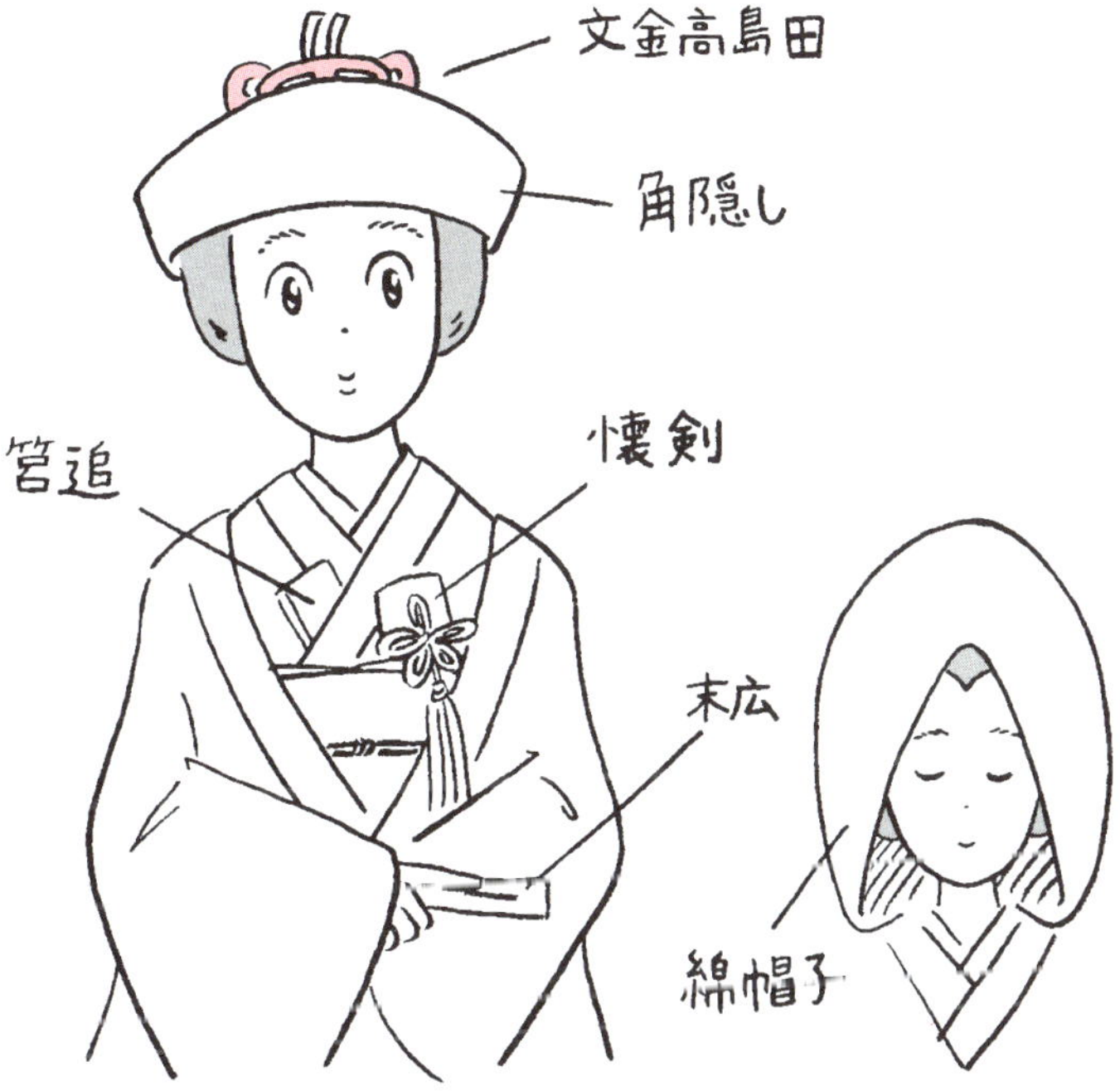

アイテムの知識が必要なお仕事。特に和装はさまざまな意味を持つ装飾品が多く、懐剣や筥追(はこせこ)など、一つひとつのアイテムに日本の伝統が詰まっているから覚えるのも一苦労。

私たちの人生は、私たちが費やした努力だけの価値がある。
／フランソワ・モーリアック

フラワーデザイナー

未経験OK
資格が必要
女性が多い
自宅でできる
再就職しやすい

- 会場や目的に合わせて花をアレンジ。
- 早朝から市場へ買い付けに行くことも。
- 力仕事が多く子育て中はクタクタに……。

こんな人にピッタリ

花や緑が好きなことが大前提です。花を大量に扱うハードな職場で働くため、スタミナと筋力、会場を飾り付ける裏方としての根気強さや、フラワーショップでのお客様に対する気遣いも求められます。

Q どんな仕事？

お客様の希望や目的、場所に合わせて、**花を美しくアレンジする仕事**です。花の育て方や保存方法、仕入先の農家、市場の花き部などに関する知識が求められます。活躍の場は、結婚式場、展示会、ホテル、テレビ番組の撮影現場などさまざまです。

Q 子育て中は？

花に囲まれた魅力的な職場ですが、朝は早く夜は遅く、力仕事も多いのが現実。心身ともにタフでなければ家事や子育てとの両立は難しいでしょう。最近は**カフェや雑貨店を併設して仕事量を調整**している店もあります。

資格 フラワーデザイナー資格検定試験（公益財団法人日本フラワーデザイナー協会）

お仕事データ

勤務場所：フラワーショップなど
勤務時間：1日8時間程度
休日：不定期
勤務形態：正社員、フリーなど
給料：月収15万円程度から

この本を読んでみて！
『パリの花　パリのフルリスト』
後藤綺子／岳陽舎

フラワーデザイナー

どうやったらなれるの？

高校、大学などを卒業

↓

花屋さんで働くor専門学校に通う

↓

花屋さん、ホテル、結婚式場、専門会社に就職

↓

フラワーデザイナーとして独立

人脈を築き、出産までに独立・開業すると、自分のペースで産休や育休を取得することができます。ただしお店の場合、支えてくれる共同経営者がいなければ一時閉店しなければなりません。

世界にたった一つのブーケ作り

フラワーデザイナーの代表的な仕事の一つに結婚式のブーケ作りがあります。新郎新婦の希望はもちろん、身長や雰囲気、ドレスに合わせて一本ずつ選び、丁寧に作ります。完成したブーケをお客様に渡す瞬間は緊張しますが「こんなの欲しかったの！」と笑顔になってもらえた瞬間に、緊張や苦労が全て吹き飛びます。最近はブーケトスをせず、押し花やプリザーブドフラワーにして半永久的に保存する人も。結婚式の一瞬だけでなく、一生大切にする人が増えています。

花屋さんの朝は早い！オープン前に市場へ

フラワーショップの仕事は、基本的にサービス業です。全国の農家から届いた花や植木を買い付けに、朝早くから仕入れに走り、夜遅くまで結婚式場など会場の飾り付けを行う日もあります。生活が不規則になりがちで体を壊しやすいため、他の職業以上に自分自身での体調管理をしなければなりません。特に女性はホルモンバランスによって体調が変化することもあるため注意が必要です。妊娠中は重い土や植木の運搬を控えるなど、仕事量を減らす人もいます。

当日満開になるよう地道に努力！

催事を担当するときは、当日、キレイに花を咲かせるための気配りが欠かせません。季節の流れに合わせて冬場は基本的に冷水を使用します。また花のトゲによって手荒れや怪我に悩まされることも。ペットショップや水族館のように動物と向き合うわけではありませんが、花も生き物です。自然の厳しさが身にしみる環境の中で、自分がどのように植物と向き合っていくか、常に考えていかなくてはいけない職場です。

もし冬がなければ、春は楽しくならないだろう。／アン・ブラッドストリート

小説家

- 小説を中心にさまざまな文章を書く仕事。
- 編集者と協力して読者の求める本を作る。
- 子育てをしながら自宅での執筆も可能。

▼

こんな人にピッタリ

完成度の高い作品を目指して、根気よく書き続けられる人に向いています。自分の世界観を持つことも大切ですが、時には編集者の意見にしっかりと耳を傾ける姿勢が求められます。

未経験OK

資格が必要

女性が多い

自宅でできる

再就職しやすい

Q どんな仕事？

小説創作を中心に、エッセイやコラムなどさまざまな文章を書く仕事。デビュー後は単行本の出版や新聞・雑誌・ウェブページへの寄稿で収入を得ます。しかし執筆料だけでの生活は厳しく、他の仕事と掛け持ちをしている人がほとんどです。

Q 子育て中は？

創作活動は場所を選ばないため、自宅で子育てをしながら続けられます。しかし実際は家事や育児に追われてまとまった時間がとれないもの。締め切り前は睡眠時間を削って、執筆活動に打ち込むことが多いようです。

資格 特になし

お仕事データ

勤務場所：自宅など

勤務時間：不規則

休日：不規則

勤務形態：フリーが多い

給料：本の売り上げによる。

印税10％程度

この本を読んでみて！

『私にふさわしいホテル』

柚木麻子／扶桑社

受賞は狭き門ですが、一度受賞したからといって自動的に次作を出版できるわけではありません。大切なのは受賞後の頑張り。ヒット作を生み出し続ける真の実力が問われます。

どうやったらなれるの？

小説を書く

↓

コンクールなどで入賞

↓

小説家に！

文学賞の受賞以外にもデビューの道がある⁉

毎月のようにさまざまなコンクールや文学賞が開催されていますが、どれも応募総数が多く、受賞は難しいもの。でも受賞しなくても、本が売れる見込みがあれば小説家としてデビューすることは可能です。そのためには、読書や創作以外の得意分野を持ち、読者が食いつくようなネタをいくつもインプットしておくこと、また出版社の人と出会えるよう幅広い人脈をつくることも大切です。チャンスを逃さないよう日頃から文章力を磨くと同時に、それ以外の武器も身につけましょう。

自分の結婚・出産・育児をまとめて出版！

小説家は個人事業主なので、企業のように産休・育休の決まりがありません。妊娠後は付き合いのある編集者に「産休・育休に入る」と伝え、体調や状況に応じて復帰します。しかし小説家のなかには産休・育休中も出産・育児体験記などを書き続け、復帰後に編集者とともにまとめて出版する人も。ファンが離れないよう、コンスタントに書き続けることが大切です。

自分の書きたい本が出版できない現実……

「最高傑作だ！」と思える小説が書けても、出版社からGOサインが出なければ書店には並びません。本の出版は、出版社にとって賭けのようなもの。売れる本を出版しなければ、会社が存続の危機に陥ってしまいます。そのため、自分の書きたい内容とは違う執筆依頼を多数受けて悩むことも。本の出版は自分一人の力でできるものではありません。書きたい気持ちだけで先走るのではなく、時代のニーズや編集者の意向を踏まえて、読者に必要とされる本を書きましょう。

心の底は世界の果てよりも遠い。／中国の格言

漫画家

○書籍やインターネット媒体用に漫画を描く。
○締め切り前は早朝や深夜に仕事。
○自宅で働けるため保育施設に入れない場合も。

こんな人にピッタリ

漫画家は、魅力あるストーリーを生みだすための想像力や絵のセンスを発揮し、作品を作っています。また、トーンを貼る、消しゴムで下絵を消すなど細かい作業も行うので、器用さも求められます。

未経験OK / 資格が必要 / 女性が多い / 自宅でできる / 再就職しやすい

Q どんな仕事？

雑誌や単行本、インターネット上の媒体などのメディア向けに漫画を描く仕事。一般的な企業の社員と同じくらいの収入が見込める漫画家は、ほんの一握り。多くの漫画家は別の仕事や挿絵の仕事などで収入を補っています。

Q 子育て中は？

自宅で家事や育児をしながら自分のペースで仕事ができます。ただし都心部では保護者が在宅勤務だと保育施設に入れる可能性が低くなることも。子育て中は早朝に起きたり深夜まで粘ったり、自分に合うワークスタイルを探して両立します。

| 資格 | 特になし

お仕事データ

勤務場所：自宅、事務所、仕事場など
勤務時間：不規則。締め切り前は徹夜も
休日：不定期。締め切りによって変わる
勤務形態：フリーがほとんど
給料：仕事量や人気で変わる。新人は1ページ5000円程度から

この本を読んでみて！
『バクマン。』
大場つぐみ・小畑健／集英社

ウェブサイトやSNSに投稿された
作品を見て、編集者が声をかける
ケースも増えています。
多くの人に読んでもらえる方法を
考えながら、コンスタントに
描き続けましょう。

どうやったらなれるの？

漫画を描く
↓
コンクールなどで入賞
↓
漫画家に！

子育て中の漫画家　1日のスケジュール例

3:30〜	自由時間
6:30〜	朝食・家事
9:00〜	漫画を描く
12:00〜	昼食
13:00〜	漫画を描く
18:00〜	夕食・家事
20:00〜	入浴
21:00〜	子どもと一緒に就寝

夜型だった漫画家も、出産をきっかけに朝型に変わることが多いようです。子どもを保育園に預けたり、学校に通わせたりする場合は、日中に仕事をして、子どもとともに就寝。自分のペースで描けるよう、出産までに実績を積んでおくと安心です。

私だけが私の人生を変えられる。ほかのだれにもそれはできない。
／キャロル・バーネット

ダンサー・振付師

- 表情豊かに、ダンスで喜怒哀楽を表現。
- ダンス教室で講師としてレッスン！
- 生徒募集も舞台のチケット販売も自力で。

▼

こんな人にピッタリ

振付師になる場合は、動きをわかりやすく説明したり、相手のやる気を引き出したりすることも大事。指導力やコミュニケーション力のある人に向いている仕事です。

未経験OK / 資格が必要 / **女性が多い** / 自宅でできる / 再就職しやすい

Q どんな仕事？

コンサートやミュージカル、ショーなどで踊るのがダンサー。ダンサーの動きを考えるのが振付師です。得意なジャンルを極める人がほとんどですが、振付をする場合はさまざまなジャンルのダンスを勉強しておくのがオススメ。

Q 子育て中は？

バレエの場合、妊娠したら退団して落ち着いたタイミングで教室を開くのが一般的。他のダンサーや劇団員も多くの人が講師に。しばらくはファンが支えてくれますが、その後は大半の人が子育てをしながら自力で教室を運営しています。

資格 資格は必要ありませんが、コンクールでの入賞経験があると有利です。

お仕事データ

勤務場所：ダンススタジオ、舞台、ライブ会場など
勤務時間：不規則。仕事内容によって変わる
休日：不定期
勤務形態：ダンススタジオや芸能事務所に所属。フリーが多い
給料：レッスン料1回5000円程度から

この本を読んでみて！
『振付稼業air:manの踊る教科書』
振付稼業air:man／東京書籍

ダンサー・振付師

ダンスを仕事にするには、人脈が大事。ショーや舞台に出演したときは、その後の仕事につながるよう積極的に周囲の人とつながりを持つようにしましょう。

どうやったらなれるの？

オーディションに合格
↓
ダンサーとして活躍
↓
ダンス教室を開催したり
ジムのインストラクターをしながら
振付師に！

生後2～24か月頃までの赤ちゃんを抱っこして踊る「ベビーダンス」の講師はママダンサーが多く、そこからキッズダンス教室へ展開する人もいます。

薬を10錠飲むよりも、心から笑った方がずっと効果があるはず。／アンネ・フランク

声優

- アニメなどのキャラクターの声を担当。
- オーディションは難関。給料は少なめ。
- 産休・育休取得時には代役を立てる。

こんな人にピッタリ

魅力的な声質だけでなく、豊かな演技力や他の人にはない個性が求められます。自分の特性を見極め、一歩一歩前向きに演技の勉強と練習をしていける人に向いています。

Q どんな仕事?

アニメやゲーム、洋画に登場するキャラクターに、声で命をふきこむ仕事。CMやドキュメンタリー番組のナレーションを担当することもあります。人気の仕事ですが給料は少なめ。声優の仕事だけで食べていくのは困難です。

Q 子育て中は?

出演中の番組がある場合は代役を立てて産休・育休をとることができます。しかし復帰後、収録が夜間に及ぶこともあり、家事や育児との両立が困難な場合も。働き続けるなら家族や保育施設のサポート体制を万全にしておきましょう。

資格 声優能力検定（NPO法人日本声優能力検定協会）

お仕事データ

勤務場所：収録スタジオ、事務所
勤務時間：不規則
休日：不定期
勤務形態：声優プロダクション、芸能事務所などに所属
給料：仕事内容によって変わる

この本を読んでみて！
『声のお仕事』
川端裕人／文藝春秋

専門学校でコネクションを得るか、オーディションなどを経て、声優専門のプロダクションに所属するケースが多い傾向にあります。なかには、高校に通いながらレッスンを受けられる学校も。

どうやったらなれるの？

声優や俳優の養成所を卒業

↓

劇団、芸能プロダクションなどに所属

↓

声優キャストのオーディションに合格

↓

声優に！

毎日の人間観察でテクニックを磨こう！

器用な声優は、自分とは異なる年齢・性別のキャラクターや、妖精、動物まで、一つの作品の中で何役も演じ分けます。また一方で、カーナビの声や企業用動画のナレーションなどの落ち着いた声を担当することも。老若男女を観察し、声や話し方の違いを日々学びます。

両立できない場合は他の仕事に目を向けて

2005年以降アニメ「ドラえもん」でドラえもん・のび太・静香を演じている声優3人は子どものいる女性です。産休中は代役を立てたり、自分が演じているキャラクターが登場しない話にしてもらったりと、工夫して乗り切ったそう。出産を経ても声優を続けることはできますが、終電より遅い時間に仕事が終わったり、子どもが急病でも仕事を休めなかったりと実際には両立が困難な状況。続けるのが難しい場合は結婚式の司会や動画のナレーションなど、声優としての実績をいかして仕事の幅を広げることもできます。

30分番組に出演しても収入は1万円!?

声優の収入は不安定になりがち。プロダクションなどに所属して、安定した収入を得る人もいますが、それはごく一部の売れっ子声優だけ。新人時代は30分のアニメ1本の出演でたった1万円しかもらえない場合もあり、声優の仕事だけで食べていくのは困難です。実際はアルバイトとして働き、副収入を得ながら声優の仕事をしている人がほとんど。国内外でのアニメ・ゲームの人気が高まるにつれ市場は広がり、仕事量も増えていますが、声優の人数が多いため競争は必至です。

恋は口を閉ざしていても語り出す。／ドイツの格言

アナウンサー

- テレビやラジオで情報を伝える仕事。
- 打ち合わせや映像の確認も仕事のうち。
- 深夜・早朝勤務のため夜間保育などを利用。

こんな人にピッタリ

アナウンサーは、限られた時間内でミスなく番組を進める仕事。臨機応変な対応力や判断力という個人的な能力だけでなく、スタッフとのチームワークが必須！ 信頼感や人望が大切です。

未経験OK
資格が必要
女性が多い
自宅でできる
再就職しやすい

Q どんな仕事？

テレビやラジオなどに出演し、情報を伝える仕事。主にニュースの解説やスポーツの実況中継を行いますが、人気が出ると番組の司会やタレントとして活動することも。採用の条件は、滑舌の良さや語彙力、社会常識、体力など。

Q 子育て中は？

早朝出勤や長時間勤務に耐えられる健康体、いかなるときも欠勤・遅刻をしない責任感が求められます。深夜・早朝でも預けられる保育施設への入所や、家族の協力体制など、サポート環境を完璧に整えておきましょう。

資格 アナウンス検定（NPO法人日本話しことば協会）

お仕事データ

勤務場所：テレビ局、ラジオ局、芸能プロダクション
勤務時間：1日8時間程度。早朝や深夜出勤も多い
休日：週1日程度。番組の収録日によって休日が変わる
勤務形態：正社員、フリー
給料：月収23万円程度から。仕事内容によって変わる

この本を読んでみて！
『わたしの神様』
小島慶子／幻冬舎

アナウンサー

いつの時代も人気が高い
アナウンサー職は狭き門。大学在
学中からアナウンサー養成学校に
通うだけでなく、語彙力や素養、
誰にも真似できない特技を
身につけて試験に挑みましょう。

どうやったらなれるの？

高校、専門学校、大学などを卒業

↓

アナウンサーの試験に合格し
テレビ局、ラジオ局などに就職

↓

アナウンサーに！

アナウンサーになるための方法は一つではありません。なかには証券会社の会社員を辞めて養成学校に通い、アナウンサーに転職した人も！

キレイだなと思う人は、自分の生活を生き生きと楽しく過ごしている。／黒柳徹子

ラジオパーソナリティ

未経験OK

資格が必要

女性が多い

自宅でできる

再就職しやすい

○ラジオ番組の司会者として情報を伝える。

○大変だけど、人を元気づけられる仕事！

○担当によって、深夜・早朝出勤もあり。

こんな人にピッタリ

トーク力があり、現場や番組に心地よい雰囲気をつくれる人に向いています。ファンの多さだけでなく、スタッフとの関係が良ければ良いほど仕事が舞い込みます。

Q どんな仕事？

ラジオ番組で司会を務め、ゲストとの楽しいトークや、ニュース、最新の音楽情報を伝える仕事。リスナー（ラジオ聴取者）からのメールやハガキを紹介したり、悩み相談に乗ったりして、番組を盛り上げます。

Q 子育て中は？

深夜や早朝の番組を担当した場合、夜中に帰宅したり、朝4時頃に出勤したりすることも。家族や託児施設のサポートが欠かせない仕事です。しかし経験談を交えた子育てトークによって、同年代の主婦リスナーを元気づけることもできます。

資格 特になし

お仕事データ

勤務場所：ラジオ局
勤務時間：担当している番組による
休日：収録日によって変わる
勤務形態：正社員、フリー
給料：月収20万円程度から

この本を読んでみて！
『丘の上の赤い屋根』
青井夏海／PHP研究所

ラジオパーソナリティ

放送系の専門学校やアナウンサー養成学校ではトレーニングを受けられるだけでなく、オーディションの機会が与えられます。声質や発音、滑舌の良さを調べるボイスチェックが最初の試験です。

どうやったらなれるの？

放送系の専門学校、アナウンサー養成学校、大学などを卒業

↓

ラジオ局に就職orオーディションに合格

↓

ラジオパーソナリティに！

ラジオ番組は、基本的にリスナー参加型。ラジオだけでなく、地域のイベントやお祭りでも司会を務め、少しずつファンを増やしてリスナーをGETします。

自分の勘を信じなさい。／バーバラ・ウォルターズ

テーマパークスタッフ

未経験OK

資格が必要

女性が多い

自宅でできる

再就職しやすい

- チームワークでテーマパークを盛り上げる！
- アルバイトの場合、給料は低め。
- シフト制なら家族に休みを合わせられる。

▼

こんな人にピッタリ

職種によっては、猛暑の夏も極寒の冬も一日中屋外で仕事。さらにシフト制で早朝や夜間の勤務があり生活のリズムも整えにくいため、日頃の体調管理や体力づくりがしっかりできる人に向いています。

Q どんな仕事？

遊園地などの**アミューズメント施設で働くスタッフ**。仕事内容は、ショーやパレードの企画、受付やチケット販売、乗り物（アトラクション）の案内や操作、整列の誘導、食べ物の販売、グッズの販売、パーク内の掃除などさまざまです。

Q 子育て中は？

勤務形態は会社によりますが、シフト制の場合は**子どもの学校行事などに合わせて業務時間の調整が可能**です。ただしパークで働くスタッフの9割はアルバイト、という会社もあります。その場合は給料が低いため、家計の副収入と考えたほうがよいでしょう。

資格 特になし

お仕事データ

勤務場所：遊園地、テーマパーク施設、事務所など

勤務時間：1日8時間程度、アルバイトは交代制

休日：週2日程度（交代制）

勤務形態：正社員、契約社員、アルバイトなど

給料：月収17万円程度から

この本を読んでみて！

『ミッキーマウスの憂鬱』

松岡圭祐／新潮社

テーマパークスタッフ

高校の普通科や大学の一般的な学部卒でも問題はありませんが、専門学校なら遊園地での実習もあり、テーマパークスタッフならではの演技や表現を学べます。

どうやったらなれるの？

高校、専門学校、大学などを卒業

↓

テーマパークの採用試験を受ける

↓

テーマパークスタッフに！

テーマパークの魔法で夢のアイデアが実現！

テーマパークは、誰よりもお客様に喜んでもらう場所。スタッフは四六時中お客様を楽しませるためのアイデアを考えています。バレンタインにチョコレートを配ったり、生演奏のショーをしたり、華やかなパレードをしたり。季節に合わせていろいろな企画を生み出します。実際に大きなイベントを考えるのは正社員ですが、スタッフ全員が日々工夫をこらしてお客様を楽しませながら、自分自身も楽しく仕事をしています。

アトラクションの操作や着ぐるみの仕事は大変

スタッフのなかには、身も心もクタクタになる仕事をしている人も。例えば、アトラクションを操作するスタッフ。楽しいアトラクションでの事故は厳禁！　厳しい訓練を受け、機械の点検やメンテナンスをしています。一方、キャラクターの着ぐるみを着ている人も大変！　握手をしたり、写真撮影をしたり、皆の人気者だけど、入っている人はへとへと……。着ぐるみの中は冬でも暑く、服がしぼれるくらいの大汗をかきながらキャラクターを演じ続けています。

正社員はエリートコース！　でも入社が困難……

大手のテーマパークは、チケット販売や飲食店スタッフのほとんどがアルバイト。正社員としての採用人数は少なく、狭き門に就職希望者が殺到します。他の職業に比べて高倍率になるため、内定を勝ち取るのは至難の業です。もちろん、アルバイトから正社員になれるテーマパークもありますが、エリートコースではないため昇進するのに時間がかかり、なかなか給料が上がらないようです。

今、我々は夢がかなえられる世界に生きている。／ウォルト・ディズニー

イラストレーター

- 画材やパソコン用ソフトを使って絵を描く。
- フリーランスの人が多い。
- 自宅でできるが営業活動が必要。

こんな人にピッタリ

お客様の要望をよく聞き、自分の好みではなくお客様のイメージに近い絵を自由自在に描ける人が求められています。また、修正の依頼があっても快く対応する前向きな姿勢も大切です。

未経験OK
資格が必要
女性が多い
自宅でできる
再就職しやすい

Q どんな仕事？

雑誌や本の表紙イラストや挿絵、商品パッケージや広告のイラストを描くのがイラストレーターの仕事です。多くのイラストレーターは独立して活動していて、絵を描くと同時に、自分の絵を売り込んでいく営業活動も行っています。

Q 子育て中は？

イラストレーターの収入だけで生活できる人はごくまれ。自宅で仕事ができるため子育てとの両立はしやすいですが、子どもの体調不良で仕事ができないときや電話に出られないときには、仕事が減ってしまうことも。

資格　特になし

お仕事データ

勤務場所：自宅、広告代理店、デザイン事務所、企業の宣伝部など
勤務時間：不規則。2～3時間から1日かかることも
休日：不定期
勤務形態：フリーが多い。まれに正社員も
給料：フリーは仕事内容による。社員は月収18万円程度から

この本を読んでみて！
『東京タワー　オカンとボクと、時々、オトン』
リリー・フランキー／扶桑社

イラストレーター

依頼の多くは、大都市を中心とした出版社や広告代理店から。地方在住のイラストレーターはメールや電話で依頼を受け、完成したらメールでデータを送ります。

どうやったらなれるの？

専門学校、美大などを卒業

↓

デザイン会社などに就職

↓

イラストレーターに!

イラスト料金の一例

メインイラスト（大きなサイズ）・カラー	3万円～
メインイラスト（大きなサイズ）・モノクロ	3万円～
カット（小さなサイズ）・カラー	5000円～
カット（小さなサイズ）・モノクロ	5000円～

フリーの場合、料金は基本的に、ワンカット（一つの挿絵）いくらという計算で支払われます。一概には言えませんが、新人の頃はワンカット約数千円から。著名なイラストレーターはワンカット数万円になることもありますが、全国でほんの一握りです。

なお、子育て中は集中できる時間が減ってしまうため収入が下がるケースが多いようです。広告代理店などに勤めれば収入は安定しますが、イラスト以外の仕事も多数任されます。どちらを取るか、よく考えて選びましょう。

あなた自身の井戸から水を汲み、あなた自身の泉から湧く水を飲め。／『旧約聖書』

ライター

- ○取材や調査をして文章をまとめる仕事。
- ○媒体やキャリアによって収入が変わる。
- ○取材以外は自宅で仕事ができて続けやすい。

▼

こんな人にピッタリ

文章を書くだけでなく、インタビューなどの取材をすることも多い仕事です。好奇心旺盛で、初対面の人とも笑顔で話せる聞き上手な人が求められています。

未経験OK

資格が必要

女性が多い

自宅でできる

再就職しやすい

Q どんな仕事?

雑誌や書籍はもちろん、会報誌やウェブ記事など、世の中にある文章の多くが、ライターによって書かれています。芸能人から一般人まで多くの人にインタビューをしたり、資料を比べて調査をしたりしながら文章をまとめる仕事です。

Q 子育て中は?

取材以外は自宅でできるため、女性に優しく続けやすい仕事。結婚や子育てなど、経験を積むほど書ける内容が増えます。しかしブログなどで誰でも簡単に文章を発信できるようになったため、仕事の単価は下降傾向。

| 資格 | 特になし

| お仕事データ |

勤務場所：制作会社、自宅、事務所など

勤務時間：不規則

休日：不定期。休日出勤もある

勤務形態：フリーが多い。制作会社の正社員、契約社員も

給料：仕事内容によって変わる、社員は月収18万円程度から

この本を読んでみて!

『職業、ブックライター。』

上阪徹／講談社

ライター

フリーの場合は産休・育休の期間を自由に設定できますが、長くとりすぎると人脈が薄れ、仕事の依頼が減ってしまいます。自由に設定できる分、自己コントロールが必要です。

どうやったらなれるの？

高校、専門学校、大学などを卒業

↓

出版社、ウェブ制作会社、編集プロダクションなどに就職

↓

ライターに！

ライティング料金の例

種類	金額
雑誌の記事（1ページ）	1万円〜
ウェブサイトの記事	5000円〜
広告物（キャッチコピー5本）	1万円〜
書籍（自分が著者の場合）	1冊につき価格の10％程度の印税

書く内容やキャリアによって差がありますが、一般的に雑誌やウェブ記事よりも広告関係の仕事のほうが原稿料が高く、倍以上の収入が得られることもあります。

しかし広告は、自分の意見よりお客様の意見を尊重する世界。自分が書きたくない内容の文章を書かなければならない仕事もあります。収入と仕事内容、自分が何を優先したいのか見極めることも大切です。

あなたの言葉が、あなたの中身を創る。／サネヤ・ロウマン

カメラマン

○安定したクオリティーで写真を撮影。
○「仕事量＜カメラマンの数」という状況。
○産休・育休の取得実績がない職場もある。

▼

こんな人にピッタリ

重い撮影機材を運ぶので、体力は必須です。また笑顔を引き出すトーク術や、人の長所を見つけて褒める力が身についていると、人物を撮影する際に役立つでしょう。

未経験OK
資格が必要
女性が多い
自宅でできる
再就職しやすい

Q どんな仕事？

新聞や雑誌、カタログ、チラシ、ウェブサイトなど、さまざまな媒体の写真を撮影する仕事です。自分の好みではなく仕事の依頼主の希望に沿った写真を、常に安定したクオリティーで撮れるかどうかがプロとアマチュアの決定的な違いです。

Q 子育て中は？

カメラが好きな人にとってはやりがいのある仕事ですが、大手の写真スタジオ以外は産休・育休の取得実績がない会社がほとんど。フリーランスとして働きやすい結婚式場も土日の仕事が多く、家庭との両立が難しい仕事です。

| 資格 | 写真技能士（国家資格）

| お仕事データ |

勤務場所：写真スタジオ、出版社、広告代理店、企業の宣伝部など
勤務時間：不規則
休日：不定期
勤務形態：出版社やスタジオの正社員、フリーなど
給料：社員は月収18万円程度から

この本を読んでみて！
『ストロボ』
真保裕一／文藝春秋

カメラマン

カメラマン養成のための専門学校に行く人は、あまり多くありません。まずはアシスタントやスタジオでの修業から始めて、独立後に役立つ人脈を作りましょう。

どうやったらなれるの？

芸術系の専門学校、大学などを卒業

↓

有名カメラマンのアシスタント
orスタジオで修業

↓

カメラマンに！

結婚式や育児などの経験がいきる仕事！

美しい結婚式も、裏側はとってもハード。でもカメラマンがその大変さをわかっていれば、疲れがちな新郎新婦の自然体の笑顔を撮影することができます。また、スタジオで初節句や七五三の記念写真を撮影する際も、子育ての経験があると子どものあやし方がわかります。最近流行りの「マタニティフォト」も、妊婦さんを思いやりながら撮影してファンを増やせば、出産後定期的に撮影を依頼される可能性があります。

機材費で給料が消えるアシスタント時代

カメラマンになりたい人はまず、アシスタントから始めましょう。実際に写真を撮る機会はほとんどありませんが、先輩の撮影技術を見て仕事を覚え、就業後に自分のカメラで練習をして技術を身につけます。アシスタント時代は時給８００円台で給料が低く、それすら機材代に消えてしまいます。アルバイトなどで生活資金を貯めながら修業をする人が大半です。また、弟子入り先でのパワハラ・セクハラ被害もしばしばあるようです。

妊娠と同時に退社しないといけない可能性も

カメラマンの機材は、軽くても10キロ弱あるもの。さらに撮影中は立ちっぱなしの、走りっぱなし。つわりが重い場合、仕事を続けるのは難しいでしょう。また、もし体調が万全でも周囲に心配をかけてしまう可能性があります。一生カメラマンとして働きたい場合は、妊娠中は仕事を休んでも、しばらくしたら復帰できるよう人脈を作り、環境を整えておきましょう。

私が後悔することは、しなかったことであり、できなかったことではない。
／イングリッド・バーグマン

テレビカメラマン

○ニュースやドラマなどのテレビ番組を撮影。
○子育て中はスタジオ撮影がオススメ。
○中小プロダクションの場合は両立が困難。

未経験OK
資格が必要
女性が多い
自宅でできる
再就職しやすい

▼

こんな人にピッタリ

努力し続ける根性や人並み以上の体力、精神力が必要とされます。仕事が大変な分、テレビの映像を通して自分が世の中に何を伝えたいのか、という信念を持ち続けることが大切です。

Q どんな仕事？

テレビ局の撮影現場などで、ディレクターや演出家、監督とともに協力して映像を撮影する仕事。配役やロケ地の視察など初期から関わることもあります。イメージ通りの映像が撮れるまで帰れないこともあるため、体力と忍耐力は必須です。

Q 子育て中は？

大手テレビ局での定型的なスタジオ撮影なら、子育て中で時間に制限がある場合でも担当できるよう調整してもらうことが可能です。ただし、中小の映像制作プロダクションは慢性的な人材不足のため、家庭との両立が難しいのが現状。

資格 特になし

お仕事データ

勤務場所：テレビ局、映像制作プロダクション
勤務時間：不規則
休日：不定期
勤務形態：正社員、契約社員など
給料：月収20万円程度から

この本を読んでみて！
『チャンネルはそのまま！』
佐々木倫子／小学館

テレビカメラマン

学校で学ぶより現場で大先輩の下につき、構図など画に対する感覚を磨くことが大切。腕を磨くため、照明などあえて他の部署に異動し、経験を積むこともあります。

どうやったらなれるの？

高校、専門学校、大学などを卒業

↓

制作プロダクションやテレビ局に就職

↓

アシスタントになる

↓

テレビカメラマンに！

番組づくりはチーム戦！ 撮るだけが仕事じゃない

テレビカメラマンがディレクターのように取材相手に質問を投げかけたり、ドラマの監督と一緒に脚本や演出を考えたりすることもあります。番組は役者やスタッフが一丸となって、チームで作り上げるもの。一人ひとりの映像にかける情熱が深みのある番組を生み出し、視聴者に感動を届けます。

子育て中はロケNGでモチベーションダウン？

大手テレビ局の場合、子育て中のカメラマンは家事や育児と子育てを両立しやすい仕事を担当することが可能です。例えば撮影時間が決まっているスタジオ撮影や、収録番組など。遠方でのロケが必要なドラマや夜討ち朝駆けの報道は、多くの場合いつでも出勤できる独身のカメラマンなどが対応しています。しかしカメラマンが最もやりがいを感じるのはロケ撮影や報道。好みはありますが「子育て中は仕事にやりがいを感じられない」と言う人もいます。

カメラマンに反射神経が求められる理由とは？

映像の撮影は想像以上に難しく、高度な技術と長年の経験が必要なものです。例えばスポーツの試合はリハーサルをすることができません。どんなプレーが繰り出されるのか、全く予想ができないため、カメラマンには動体視力と反射神経が求められます。ちなみに、オリンピックやワールドカップの撮影ができるのは大手テレビ局のなかでもほんの一握り。各局の精鋭が集められてチームを組み、現地に向かいます。つまり、カメラマンの日本代表選手がいるというわけです。

心の底から涙を流すことを知らない者は、本当に笑うことも知らない。
／ゴルダ・メイア

ゲームクリエイター

- ○チームワークでゲームを作る仕事。
- ○社内での作業が多いため、服装は自由。
- ○女性は少ないが制度は整いつつある。

こんな人にピッタリ

高度な専門技術と、最新のゲームテクノロジーに関する知識、コミュニケーション能力が求められます。新たな価値観を生み出すため、常識にとらわれず積極的にチャレンジできる人に向いています。

未経験OK
資格が必要
女性が多い
自宅でできる
再就職しやすい

Q どんな仕事？

ゲームクリエイターとは、ゲーム作りに関わる仕事をする人の総称。仕事内容は、企画・グラフィック・ソフト・サウンドの4分野に分かれています。どの職種も忙しく、締め切り前は深夜残業や休日出勤も当たり前。徹夜で作業をすることも。

Q 子育て中は？

健康管理や、産休・育休時の穴埋めに対する不安が蔓延し、女性社員はわずか1割程度。しかし制度は少しずつ整えられてきています。勇気を持って産休や育休を取得し先駆者として道を切り拓いていく力が、女性社員に期待されています。

資格　特になし

お仕事データ

勤務場所：ゲーム関連の会社
勤務時間：1日8時間程度。残業も多い
休日：週1～2日。休日出勤も多い
勤務形態：正社員、契約社員、派遣社員など
給料：月収18万円程度から

この本を読んでみて！
『東京トイボックス』
うめ／幻冬舎

昨今ゲームの主流を占めている3Dを作成する3Dデザイナーは、どこの企業でも人材不足です。グラフィックデザイナーを目指すなら、学生時代に3Dモデリングを習得しておくと有利。

どうやったらなれるの?

高校、専門学校、大学などを卒業
↓
ゲーム関連の会社に就職
↓
開発部門に配属される
↓
ゲームクリエイターに!

1本のゲームを作るのに100人以上関わることも

職種	仕事内容
ゲームディレクター	ゲーム開発の現場総監督として指示を出す
ゲームプロデューサー	予算やスタッフの配置、スケジュール管理などを行う
シナリオライター	キャラクターやストーリーを考える
グラフィックデザイナー	キャラクターや背景、パッケージ、ポスターなどを制作する
ゲームプログラマー	ゲームが動くようにプログラムを組む
サウンドクリエイター	BGMや効果音などゲーム内で使用される全ての音楽を作る
声優	キャラクターの性格や動きに合わせて声を吹き込む

技術以上に大切なのはチームワーク! 例えば、音声が入るゲームの場合は声優さんと協力。収録に立ち会い、理想のセリフを一緒に作り上げます。
また、パッケージデザインも重要。購買層の目につくデザインはどれか、担当者と議論します。さらにアニメ化、コミック化の話が進めば、テレビ局や出版社との打ち合わせも! 一つのゲームを通して、さまざまな業界の人と出会えます。

わたしはわたしだけの個人的な魔法を強く信じている。/スーザン・サランドン

COLUMN 3

好きなことを仕事にしたほうがいい人、しないほうが幸せな人

好きなことを仕事にしている人を見て「幸せそうだなぁ」と思ったことはありますか? 数年前まで、私も好きなことを仕事にするのはいいことだと思っていました。でもある飲食店の社長さんに取材をしてびっくり。好きなことを仕事にしたほうがいい人と、しないほうが幸せな人がいるそうなんです。

例えばチョコレート好きなAさんがチョコレートショップを開いたとします。Aさんは世界一美味しいチョコレートを作ろうと、毎日熱心に料理本を読んでスイーツ作りに励みました。その後、隣にBさんが引っ越してきて、同じようにチョコレートショップを開きました。とにかくお客様に喜んでもらうのが好きなBさん。愛されるチョコレートを作ろうと、毎日お客様に感想を聞いて商品に反映しました。さて、繁盛するのはどちらでしょうか?

答えはBさんです。商品に求められるのは自分好みの味ではなく、お客様好みの味。どれほどAさんが美味しいと思っても、お客様がマズいと思ったら商品は売れません。

これは飲食業界に限らず、どんな仕事にも共通する話です。商品やサービスをより良いものにしようと考えるのは重要な仕事ですが、それ以上に重要なのは、自分にとって良いものではなくお客様にとって良いものを生み出すことです。

女性が仕事と子育てを両立する場合、自分の好きなことを仕事にできたらきっと楽しい毎日になるでしょう。けれど仕事を選ぶ前に、一つだけ自分に問いかけてみてください。自分はお客様のためにどこまで頑張れるかな、と。お客様からの「ちょっと変えてほしいんだけど……」という要望に耐えられなさそうなら、趣味のままにしておいたほうが幸せかもしれません。

とはいっても、自分が耐えられるかどうかはやってみないとわからないもの。仕事をしている間にお客様の要望に応えるのが大好きになる可能性もあります。迷ったときはチャレンジ! 一度やってみて、自分自身と相談しながら決めましょう。

COLUMN 4

この仕事向いていないかも、と思ったときの対処法

人間は、人それぞれ顔が違います。鼻の高さ、目のつくり、瞳の色、眉の形など、誰一人として全く同じ顔の人はいません。それと同じように、記憶力、会話力、集中力、判断力などを司る頭の中の構造も違います。

頭の中にたくさんのレバーがあると考えてみてください。暗記が得意な A さんは、記憶力のレバーが 100%まで上がりました。でも仕事内容がなかなか覚えられない B さんは、50%までしか上がりませんでした。故障かな、と思ってレバーの修理を始めた B さん。よく見てみたら、どれほど修理しても 50%以上には上がらない構造になっていました。

人は「自分にできることは相手もできる」と考えがちです。つまり、全員 100%までレバーが上がるものだと思い込んでしまうのです。でも実はもともとの構造が違い、努力ではカバーできないことが多くあります。それを知らずに「仕事ができない」と感じて悩んでしまう人は大勢います。

社会人になると任される仕事が学生時代よりもはるかに複雑になり、それまで気づかなかった「自分ができないこと」に気づきやすくなるのです。でも落ち込む必要はありません。それに気づいたということは、それだけ自分が成長したということです。

残念なことに、職場によっては「なんでそんなこともできないんだ!」と怒る人や、「使いものにならない」と言って部下を責める人もいます。

でも、人によってできることが違うのは当たり前。「私は○○ができない」と感じたときは、できる範囲で自分なりに仕事のやり方を変えてみましょう。

それでもうまくいかなかったら、無理に合わせる必要はありません。幸いなことに、ハローワークや転職のエージェントなど、仕事が合わなくて困っている人を助けてくれる機関は全国各地に多々あります。自分のレバーが壊れてしまう前に、転職を考えましょう。

4

自然・科学・コンピュータが好き！

パソコンやスマートフォンを使って、
何かおもしろいことができないかな。
動物や植物、人はなぜ病気になるのだろう。
どんな仕事も始めの一歩は身近な疑問です。

生きもの

- **獣医師**→p130
- **動物看護師**→p132
- **トリマー**→p136
- 動物園・水族館の飼育員
- ペットショップスタッフ
- 盲導犬訓練士
- ブリーダー
- ペットシッター
- アニマルセラピスト
- 酪農家・畜産家
- 動物プロダクションの飼育員
- 水産技術者

etc.

- **ドッグトレーナー**→p134

ヘルス&フィットネス

- 薬剤師→p138
- 医療事務員→p140
- 歯科医師→p142
- 歯科衛生士・歯科助手→p144
- 歯科技工士
- 救急救命士
- メディカルスタッフ
- スポーツ審判員
- スポーツドクター
- マッサージ師→p148
- 保健師→p150

etc.

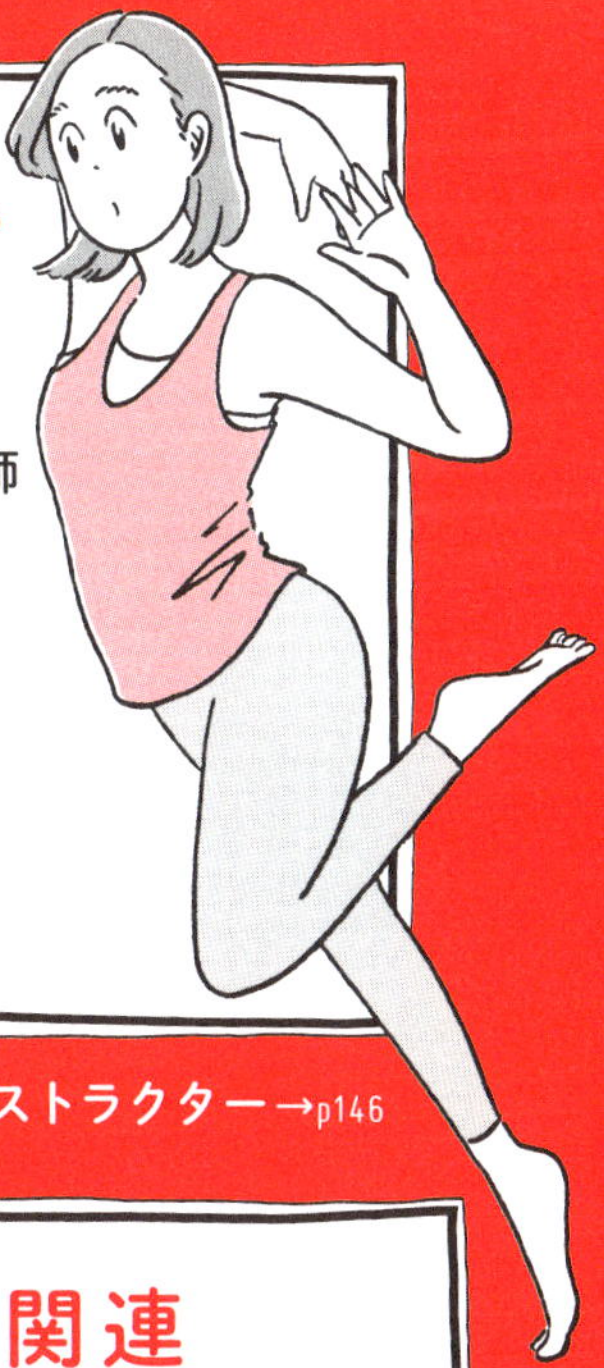

- スポーツインストラクター→p146

コンピュータ・データ関連

- システムエンジニア→p154
- プログラマー
- ネットワーク技術者
- ITコンサルタント
- パソコンインストラクター→p156
- 気象予報士→p150
- 宇宙飛行士
- プラネタリウム・天文台の研究員

etc.

- ウェブデザイナー→p152

獣医師

- 犬や猫、家畜などの動物を診療する医師。
- 公的機関で公務員として働く獣医師も。
- 動物病院は多忙で家庭との両立が難しい。

こんな人にピッタリ

動物病院の獣医師は激務。心身ともに疲労し退職してしまう人が多くいます。それでも動物と飼い主の力になりたいという気持ちを持てる、精神力の強い人に向いている仕事です。

未経験OK／**資格が必要**／**女性が多い**／自宅でできる／再就職しやすい

Q どんな仕事？

動物専門の医師。職場によって仕事内容が少しずつ変わります。動物病院で小動物を診察したり、公務員として保健所や動物園で働いたり、畜産農家で牛や馬の健康管理をしたりすることもあります。

Q 子育て中は？

近年女性獣医師が増え、獣医師の約半数を女性が占めています。しかし動物病院では深夜や早朝に治療を行うケースがあり、家事や育児との両立は難しい状況。結婚や出産をきっかけに退職したり、結婚を諦めたりする人が多いのが現状です。

資格 獣医師（国家資格）MUST!

お仕事データ

勤務場所：動物病院、農林水産省、動物園、家畜診療所、保健所など
勤務時間：1日8時間程度（救急あり）
休日：日曜日と平日に1日くらい
勤務形態：勤務医、開業医、公務員など
給料：月収20万円程度から

この本を読んでみて！
『動物のお医者さん』
佐々木倫子／白泉社

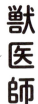

獣医師

国家試験の合格率は例年80％前後で、この本で紹介している他の国家試験に比べると比較的高め。とはいえ難問が出題されるため、大学在学中、着実に知識を身につける必要があります。

どうやったらなれるの？

大学の獣医学部、獣医大学などを卒業

↓

獣医師国家試験に合格。
農林水産省に免許申請手続きを行い、
獣医師名簿に登録

↓

動物病院、公的機関などに就職

↓

獣医師に！

残業や休日出勤が少ない公務員獣医師

国家公務員試験や地方公務員試験に合格すれば、公務員獣医師として働くことができます。公務員のメリットは動物病院に比べて残業や休日出勤が少ないこと。しかし動物の診療に関わる機会は少なく、空港や港の検疫所、食肉衛生検査所、家畜保健衛生所、畜産試験場や林業試験場、水産試験場などで食品衛生や薬事に関する監視業務や研究を行っています。公営の動物園や水族館、保護動物の管理や譲渡を行う動物愛護施設に就職できれば動物と触れ合うことはできますが、大変人気が高く、就職は難しいと言われています。

大手の動物病院は24時間いつでも診察！

いつ飼い主さんが駆け込んできてもいいように、獣医師が24時間体制で勤務している動物病院もあります。時には夜勤をしたり、緊急手術で帰宅が0時を過ぎてしまったりすることも。特に夏は日射病や皮膚病が多発するため、多くの動物が病院に運ばれます。

子育てしながら勉強！ 休まらない日々……

動物病院は基本的に、動物のことなら何でも相談に乗ります。消化器、心臓、皮膚、泌尿器、眼、神経、歯など全ての部位を診療し、予防、繁殖、しつけなど、あらゆるケアに携わります。しかも、犬、猫、鳥、うさぎ、ハムスター、モルモットなど、診察に訪れる動物は多種多様。大学で学んだ知識では足りず、現場に出ても勉強三昧です。また最近は医学が進歩し、人間並みの医療レベルで治療しなければならないケースもあります。子育てをしながらセミナーなどに積極的に参加し、知識を高める努力が必要とされます。

人生ずっと羊でいるより、たった一日ライオンになるほうがいい。
／エリザベス・ケニー

動物看護師

- 獣医師をフォローする動物専門の看護師。
- 大型動物を運ぶ力仕事もある。
- 夜勤のときは夜間保育などを利用。

こんな人にピッタリ

動物が好きなだけではなく、動物向けの医療技術を積極的に学ぶ姿勢や「動物を助けたい」という強い意志が必要です。また、獣医師や飼い主と円滑に仕事ができるコミュニケーション能力も求められます。

Q どんな仕事?

動物看護師は獣医師とともに病気や怪我をした動物たちを助ける仕事です。受付業務や投薬、入院動物のお世話、院内の清掃・消毒など幅広い仕事をこなします。ペットの高齢化が進み、動物看護師の需要は高まっています。

Q 子育て中は?

人間の病院と同じように、動物病院にも夜勤があります。また就業時間外に最新の治療法などを紹介する勉強会が開催されることも。まだまだ働きやすい環境が整っているとは言えませんが、環境改善に取り組む病院が増えています。

資格　動物看護師(一般財団法人動物看護師統一認定機構など)
ペット栄養管理士
(ペット栄養管理士認定委員会)

お仕事データ

勤務場所:動物病院、ペットショップ、ペットフード関連企業など
勤務時間:1日8時間程度
休日:週2日程度(交代制)
勤務形態:正社員、契約社員など
給料:月収16万円程度から

この本を読んでみて!
『獣医ドリトル』
ちくやまきよし・夏緑/小学館

未経験OK
資格が必要
女性が多い
自宅でできる
再就職しやすい

動物看護師

グルーミングサロンや
ペットショップでも、動物看護の
知識や技術を持つ人材の採用が
増えています。トリミングや
しつけ方法など総合的な知識と
技術を身につけると、将来性が
広がります。

どうやったらなれるの?

動物関連の専門学校などでインターンシップ(就業体験)を経験し、卒業

↓

動物病院などに就職

↓

動物看護師に!

1匹の動物が亡くなるその瞬間も、他のペットが治療を待っています。
亡くなったペットを弔いながら、気持ちだけは切り替えて、
次の動物に向き合うことが必要です。

愛している　好き　何かしてあげたい　それだけでじゅうぶんじゃないの。
／岡本敏子

ドッグトレーナー

○一人で何匹もの犬のしつけを担当。
○犬と走り回れるよう、動きやすい服装。
○給料は低めだけれど両立はしやすい。

未経験OK
資格が必要
女性が多い
自宅でできる
再就職しやすい

こんな人にピッタリ

常に犬と一緒に動き回っている仕事なので、体力は必須。お客様からの依頼やレッスンに穴を空けないためにも、自分の体調は自分で管理し、常に健康でいられるよう心掛けましょう。

Q どんな仕事？

ドッグスクールなどで犬をしつける仕事。犬を預かったり、お客様の家を訪ねたりしながら、犬の性格に合わせてしつけをします。また、警察犬や救助犬、介助犬などを一対一で専門的に育てるドッグトレーナーもいます。

Q 子育て中は？

スクール勤務を経て独立すれば、自分の好きな時間に働くことも可能。24時間体制でしつけや世話をする場合は夜勤がありますが、基本的には昼間にしつけをして、夜は飼い主に返すことが多く、家事や育児と両立しやすい仕事です。

資格 ドッグトレーナー（NPO法人日本動物福祉職能協会など）・しつけアドバイザー（NPO法人日本動物福祉職能協会）・愛玩動物飼養管理士（公益社団法人日本愛玩動物協会）

お仕事データ

勤務場所：ドッグスクール、使役犬訓練所、ペットホテル、ペットショップ、動物病院など

勤務時間：1日8時間程度。フリーは不規則

休日：週1～2日。フリーは不規則

勤務形態：正社員、フリーなど

給料：月収12万円程度から

この本を読んでみて！

『犬と人をつなぐ―ドッグトレーナー宮忠臣』
井上こみち／学研教育出版

獣医師や動物看護師のように
診療をすることはありませんが、
動物看護学や動物栄養学に関する
知識や資格があると、
採用に有利です。またトレーナー
として活躍できる幅も広がります。

どうやったらなれるの？

高校、大学などを卒業
↓
トレーナー養成学校や通信講座を受ける
↓
ドッグトレーナーの資格を取得
↓
ドッグトレーナーに！

料金の一例（個人経営のドッグトレーナーの場合）

教室のタイプ	時間・期間	回数	1回あたりの料金
出張　しつけ教室（子犬）	30～90分	3回～	2500円～
出張　しつけ教室（成犬）	30～90分	3回～	5000円～
ウェブレッスン・飼い方相談	40分～	1回～	4000円～
ショートステイ（合宿）	1か月～	—	5万円～

ドッグトレーナーは基本的に短時間で高額の給料を稼げる仕事ではありません。
しかし独立して成功すれば、出張しつけ教室1回で3万円、10日間のショートステイで
10万円という収入を得ることも可能です。飼い主のなかには、結果が出なければ
無料でも高い、結果が出れば10万円でも安い、と感じる人もいます。
独立後も積極的に腕を磨き、ドッグトレーナーとしての実力を高めましょう。

今日なし得るだけのことに全力をそそげ。／アイザック・ニュートン

トリマー

- 毛や爪をキレイにする動物専門の美容師。
- 大型犬を押さえる腕力が必要！
- 夜勤や早朝出勤がなく両立しやすい。

こんな人にピッタリ

動物業界でもとても人気のある仕事ですが、集中していなければ、ペットにハサミで怪我をさせてしまうことも。動物が好きで集中力のある人に向いている仕事です。

未経験OK　資格が必要　女性が多い　自宅でできる　再就職しやすい

Q どんな仕事？

犬や猫の美容師として、動物の爪・皮膚・毛をキレイにする仕事。大型犬から超小型犬まで、犬種に合わせてカットします。さらに最近はペット用のジェルマッサージやハーブパックなど、トリミング以外のサービスに取り組む店舗も。

Q 子育て中は？

プードルだけで20種類以上のカット方法があったり、カット前に検温などの健康チェックがあったりと、覚える内容が多くあります。しかし動物業界の他の仕事のように夜勤や早朝出勤はないため、家事や育児との両立がしやすい仕事です。

資格　トリマー（NPO法人日本動物福祉職能協会など）
ペットエステティシャン（PEIA）

お仕事データ

勤務場所：ペットサロン、ペットショップ、動物病院など
勤務時間：1日8時間程度
休日：週1～2日程度
勤務形態：正社員、契約社員、アルバイトなど。独立も可能
給料：月収15万円程度から

この本を読んでみて！
『水色のエプロン　～犬との心の架け橋～』
忠平望／デザインエッグ社

ペットサロンに見習いで入社する方法もありますが、一番の近道は専門学校に入学すること。トリマーのコースは実習が多く、在学中からさまざまな犬種で経験を積むことができます。

どうやったらなれるの？

高校、大学などを卒業

↓

トリマー養成施設などを卒業

↓

ペットサロン、ペットショップなどに就職

↓

トリマーに！

引っ越しても大丈夫！ 全国で再就職できる可能性も

ペットサロンは全国にあるため、子育てや介護のために引っ越しをしたとしても、経験があれば再就職が可能です。また、子育てが一段落したあとスクールに通い、技術を身につけてトリマーになる人もいます。年齢制限も定年もないため、技術と体力があればいつまでも続けられる仕事です。

土日祝日も出勤！ 保育料が高くなる……

お客様が来店するのは主に午前中から夕方まで。働く時間帯もそれに合わせて設定されているので、平日は働きやすい環境が整っています。ただし土日祝日は要注意。お店が混み合うため、正社員が休むのは難しいでしょう。アルバイトなら休める可能性もありますが、給料は下がります。土日祝日の保育料が高くても子どもを預けて働くか、給料が低くても平日のアルバイトを選ぶか。難しい選択です。

予想外に厳しい現場に退職者続出!?

普段は可愛いペットたちですが、なかには凶暴な子も……。手を噛まれたり、引っ掻かれたりと、怪我が絶えません。逆に大人しい老犬は体力がないため、トリミングをしている間に疲れて座り込んでしまうことも。犬の性格や体調に合わせられる技量が必要です。また、切った後は制服が毛だらけに！ 働き始めてから、動物アレルギーの症状が出てしまう人もいます。楽しそうな職場のイメージで入社したもののギャップに耐えきれず退職してしまう社員が多く、困っているペットサロンが全国に多くあります。

自分の素材を主張した方がずっと簡単に綺麗になれる。／藤原美智子

薬剤師

○ 処方箋をもとに薬を提供する仕事。

○ 勉強会やセミナーに参加して日々勉強！

○ 産休・育休中も自分で新薬の情報を収集。

こんな人にピッタリ

教科のなかでは数学や理科が好きで、薬品を使った実験が得意な人に向いています。新薬が日々開発されるため、記憶力の良さや勉強に対する積極的な姿勢も問われます。

未経験OK

資格が必要

女性が多い

自宅でできる

再就職しやすい

Q どんな仕事？

薬を管理し、医師が決めた処方箋（薬の種類・量・服用法などを記した書類）をもとに、**患者さんに薬を渡す仕事**。渡す際には、後発医薬品（ジェネリック医薬品）や薬効の説明もします。命に関わる仕事のため、正確性が要求されます。

Q 子育て中は？

薬は日々新しいものが開発されています。数年間現場を離れると復職したときに薬の種類が**大きく変わっている可能性が**。働き続けるなら、産休・育休中も自分で情報を集めたり、復帰後に勉強したり、自分から進んで努力しましょう。

| 資格 | 薬剤師（国家試験） MUST!

| お仕事データ |

勤務場所：病院、薬局、製薬・化粧品・食品会社、保健所、衛生研究所など

勤務時間：1日8時間程度

休日：日祝日と平日に1日

勤務形態：正社員、契約社員、公務員。開業もできる

給料：月収20万円程度から

この本を読んでみて！

『薬局ですぐに役立つ薬の比較と使い分け100』

児島悠史／羊土社

薬剤師

病院・薬局ではなく、製薬・化粧品・食品会社に勤めて新しい商品や薬の開発を行う人も。
より効果が高く、安全な薬を作るために日夜研究し、美容や健康を支える薬を生み出します。

どうやったらなれるの？

大学の薬学部、薬科大学などを卒業
↓
薬剤師国家試験に合格
↓
病院、薬局に就職
↓
薬剤師に！

意外な場所で活躍する薬剤師

就職先	仕事内容
病院	医師の診断をもとに調剤を行う。都道府県などが経営する公的な病院の場合、公務員扱いになる。
薬局・ドラッグストア	調剤薬局は、医師の診断をもとに調剤を行う。ドラッグストアは商品の販売と調剤を両方行う。
製薬会社	開発担当者は新薬を開発する。MR（医薬情報担当者）は病院の医師などに医薬品の情報を提供する。
化粧品会社	化粧品の成分・効果・安全性の研究を行う。化粧品の品質管理や、薬事法に関わる内容の申請を行うことも。
食品会社	健康食品などの開発を行う。異動によって、営業やマーケティングなど別分野の仕事を経験することもある。
保健所	地域住民への健康アドバイス、集団検診、献血推進活動などを行う。薬局を開設する際の許可業務を行うことも。

どこに就職するとしても、薬剤師として日頃から薬品を取り扱っていれば、家族が怪我や病気になったとき、どの薬を使えばいいかを冷静に判断することができます。また薬に関する知識があれば、同じ効果を持つ安価な薬を選ぶこともでき、家計は大助かり。親の介護にも役立ちます。

陽気な心というのは、まるで薬のように、身体にいい。／『旧約聖書』

医療事務員

- 病院の窓口で事務処理を担当。
- 働きやすい職場で、正社員なら高収入。
- 人気が集中し就職するのは困難。

こんな人にピッタリ

事務能力と注意力があって、計算の得意な人向きの仕事です。病気になって不安を抱える患者さんと窓口で直接顔を合わせるため、細やかな心配りのできる人が求められています。

未経験OK

資格が必要

女性が多い

自宅でできる

再就職しやすい

Q どんな仕事？

病院の受付やカルテの管理、診療費の計算など、病院の事務を担当する仕事です。診察や薬の内容を一人ずつパソコンに記録するため、風邪が流行る季節の変わり目は特に大忙し！　ただし、事務員同士協力し、手際よく進めれば短時間の勤務も可能です。

Q 子育て中は？

正社員やパート、非常勤など、さまざまな形態で働くことができます。そのため結婚後、出産後も続けられる仕事として女性に大人気！　しかし長年勤める人が多くてなかなか採用枠が空かず、就職が難しい地域もあります。

資格　医療事務技能審査（一般財団法人日本医療教育財団）

お仕事データ

勤務場所：病院、リハビリセンター、障害者福祉施設など
勤務時間：1日8時間程度
休日：日祝日
勤務形態：正社員、契約社員、派遣社員など
給料：月収16万円程度から

この本を読んでみて！
『最新 医療事務の仕事』
三澤万里子／西東社

医療事務員

医療事務の仕事には、
パソコンのスキルが必須!
「医事コンピュータ技能検定試験」
という試験に合格しておくと就職に
有利になります。

どうやったらなれるの?

高校、専門学校、大学などを卒業
↓
医療事務に関わる資格を取る
or専門学校を卒業
↓
病院、リハビリセンターなどに就職
↓
医療事務員に!

託児施設完備の病院なら毎日子どもと一緒!

医療事務員は女性が多く、働きやすい環境が整っています。例えばパートの場合、時間の調整がしやすく子どものスケジュールに合わせてシフトを組めるという利点が。午前だけ、午後だけ、週3日などの勤務も可能です。また、看護師や医師だけでなく医療事務員も子どもを預けられる託児施設つきの病院なら、親子そろって出退勤できます。ただしパート社員は預けられないなど、病院によって条件が異なります。病院のサポート体制を事前にしっかり調べましょう。

正社員なら両立しやすく収入も安定

正社員の場合、安定した収入が期待できる仕事です。託児施設がある病院ではシングルマザーとして仕事と子育てを両立している人も多くいます。また、経験を積んでフリーランスの医療事務員になり、忙しい月末だけ出勤すれば、1週間で4万～5万円稼げることも! しかし、一般的なイメージよりも仕事内容は細かくハードです。収入面だけを考えるのではなく、しっかりと覚悟を決めて仕事をする心構えが必要です。

いったん退職してしまうと復帰は難しいかも……

求人サイトではさまざまな病院が医療事務員を募集しています。しかし医療事務員は人気が高いため、ほんの数名の枠に応募が殺到! ツテや紹介で枠が埋まってしまうことも多く、資格を持っていたとしても就職できないケースが多くあります。また、採用の際は長く働ける若手から選ばれることがほとんど。たとえ経験があったとしても、30代、40代になると再就職できない場合もあります。

私達に必要なのは、自分の素直な感情を信じること。/エレン・スー・スターン

歯科医師

- 歯や歯茎など口腔内の治療を行う医者。
- 美容のため歯科医院に通う女性が増加中。
- 診療時間が短く両立しやすい仕事。

こんな人にピッタリ

歯科医師は、さまざまな器具や薬品を使い、口の中の狭い空間で治療を行う仕事。手先が器用で、長時間の細かい作業にも耐えられる精神力の持ち主に向いている仕事です。

未経験OK
資格が必要
女性が多い
自宅でできる
再就職しやすい

Q どんな仕事？

虫歯や歯周病の治療など、歯や口のまわりの病気を治す仕事です。最近は病気の治療だけでなく、大人の歯列矯正や結婚式前のホワイトニングなど、美容関連の需要も増加。歯科医院に通う患者数は年々増えています。

Q 子育て中は？

歯科医院は一般的な医院に比べると診療時間が短いため、比較的、家事や育児と両立しやすい仕事です。また最近は、子どもの虫歯治療に特化した歯科医院もあり、子育ての経験を仕事にいかすこともできます。

| 資格 | 歯科医師（国家試験）MUST! |

お仕事データ

勤務場所：歯科医院
勤務時間：1日9時間程度
休日：日祝日と平日に1日くらい
勤務形態：勤務医、開業医など
給料：月収10万～70万円程度

この本を読んでみて！
『ほたる ～真夜中の歯科医』
高田靖彦／日本文芸社

歯科医師

歯学部は6年制。最後の2年は臨床実習を行い、卒業後さらに数年間臨床研修をします。開業したい人は、開業のタイミングが出産に重ならないよう、早めにライフプランを立てましょう。

どうやったらなれるの？

大学の歯学部、歯科大学などを卒業

↓

歯科医師国家試験に合格

↓

歯科医師に！

女性歯科医師が美容分野で大活躍！

歯科医院のなかで最近特に人気を集めているのは、歯並びをキレイにする歯列矯正や、歯を白く輝かせるホワイトニングなどの審美治療です。歯並びや噛み合わせが心配な子どもから、歯のくすみを取りたい結婚式前の女性まで、さまざまな年代の人が虫歯以外の目的で来院します。歯科医師は飽和状態とも言われていますが、美容に関する知識があると活躍の幅が広がります。

産休・育休中は勉強会に参加できない！

歯科に限らず、医療技術は日々進歩しています。産休・育休で一定期間現場を離れている間も、自分で積極的に情報を集めましょう。新技術の知識を蓄え、新しい器具を使う練習をしておくとスムーズに復帰できます。歯科医師として成功するためには確かな技術と知識を持ち、誰よりも患者さんに寄り添って治療を行うことが大切です。

診療後数日で、患者が亡くなることも……

高齢化社会が進んだ今、高齢者の家を訪問する歯科診療を行う機会が増えています。時には診療が終わって数日後に患者さんが亡くなってしまうことも。歯が直接的な原因で死に至るケースは他分野の医師に比べて少ないですが、「医療」という分野で仕事をする限り、人の命とは切っても切れない関係にあることを忘れてはいけません。自分の患者さん一人ひとりに誠意を持って対応する気持ちを大切にしましょう。

苦しくなったら苦しみを味わえるだけ生きているんだと感謝した。／有森裕子

歯科衛生士・歯科助手

○歯科医院で働き歯科医師をサポート！
○子育て経験が歯磨き指導で役に立つ！
○再就職しやすいがパートでの復帰が多数派。

未経験OK

資格が必要

女性が多い

自宅でできる

再就職しやすい

こんな人にピッタリ

大切なのは「苦しんでいる人を救いたい」という患者さんを思う気持ちです。手に職がつくから、という自分のための理由でなく、人のために医療分野で働きたいと思う人に向いている仕事です。

Q どんな仕事？

歯科医師をサポートする仕事。歯科衛生士は歯磨き指導や歯石取り、歯科助手はカルテの管理や洗い物、というように法律で仕事内容が決められており、仕事内容が少ない歯科助手のほうが給料が低く設定されています。

Q 子育て中は？

どちらも女性が多く、10年以上のブランクがあっても再就職できる、まさに手に職がつく仕事です。しかし産休や育休を取れる歯科医院はまだ少なく、いったん退職して、パートとして復帰するのが最も多いパターンです。

資格　歯科衛生士（国家資格）
歯科衛生士のみ MUST!
歯科助手資格認定制度
（公益財団法人日本歯科医師会）

お仕事データ

勤務場所： 歯科医院、大学病院、保健所など
勤務時間： 1日8時間程度
休日： 日祝日
勤務形態： 正社員、アルバイトなど
給料： 月収16万円程度から（保健所などの公的機関に勤務した場合は公務員となり、給与規定による額が支給されます）

この本を読んでみて！
『シンデレラ・ティース』
坂木司／光文社

歯科衛生士・歯科助手

退職後、復帰するまでの間に
医療機器は進化しています。何年
間かブランクがある場合は、
復帰後すぐ、職場の仲間に機材の
変化について聞きましょう。

どうやったらなれるの?

専門学校、歯科衛生士の
養成学校などで学ぶ

↓

歯科衛生士の国家試験に合格

↓

歯科医院に就職

↓

歯科衛生士に!

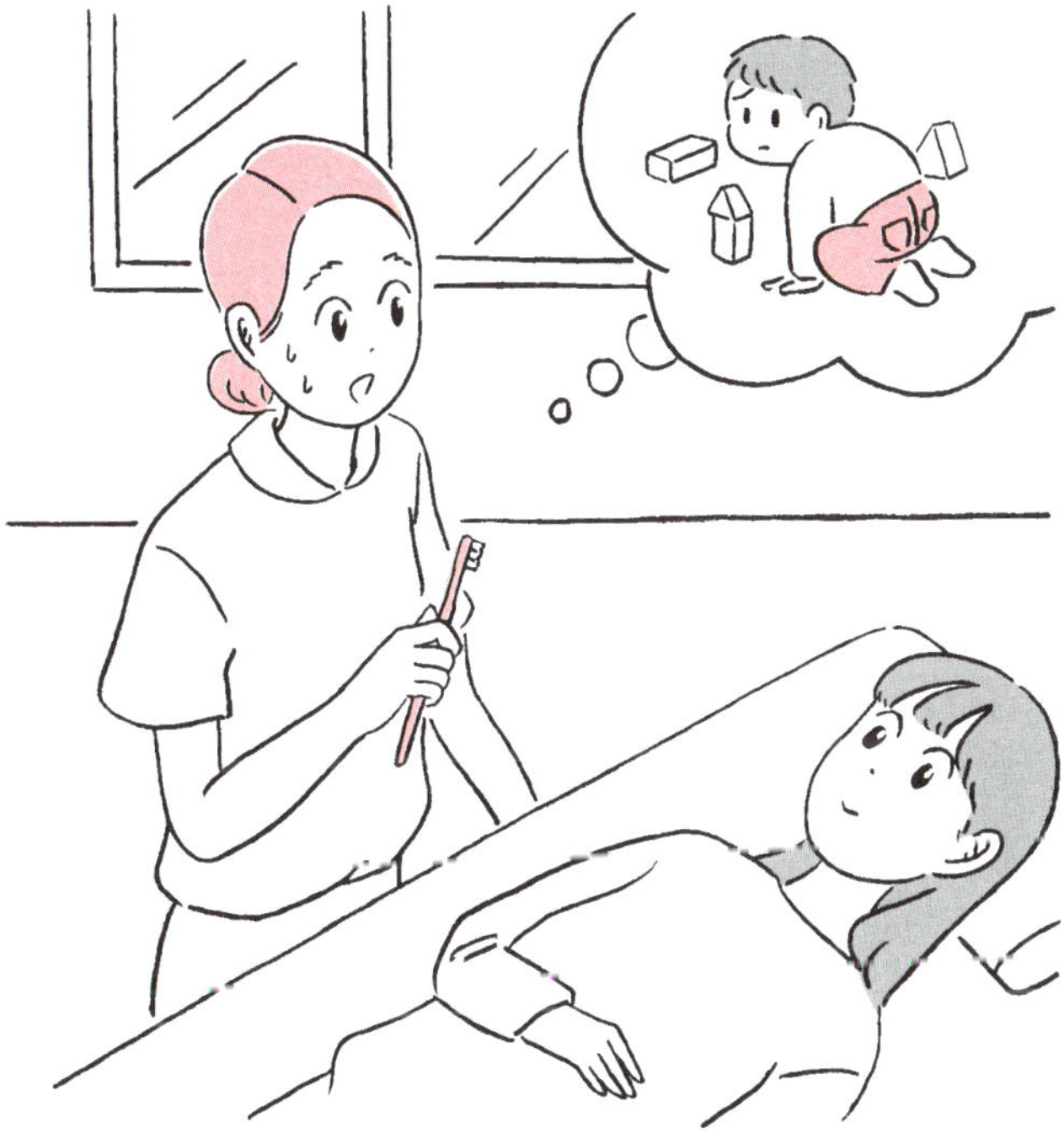

出産後はパートとして復帰する人が多数いますが、交通費が支給されない、昇給がない、
雇用保険から外れるなど、悪条件になってしまうことも。条件確認は厳しく!

一つのことに専念しようという意思があれば何だってできる。/グレッグ・レモン

スポーツインストラクター

未経験OK
資格が必要
女性が多い
自宅でできる
再就職しやすい

○お客様のマネージャー兼コーチとして指導。
○ダイエットにも詳しく常に理想の体型！
○妊婦や子ども向けの教室で出産後に復帰も。

こんな人にピッタリ

お客様からのどんな質問にも答えられるよう、スポーツや身体能力に関する知識が必要です。また常に笑顔で指導できるよう、コミュニケーション力も重視されています。

Q どんな仕事？

スポーツを楽しみたい人にトレーニング方法を教える仕事。エアロビクスやヨガ、水泳など、一つのスポーツを専門的に教えるインストラクターや、保健福祉施設などで高齢者向けの運動方法を幅広く教えるインストラクターがいます。

Q 子育て中は？

仕事で体を使うため、なかには妊娠が判明した時点で休職する人も。しかし妊婦向けのトレーニングやキッズダンスなど、子育て中のママ向けに指導をする仕事もあります。自分の経験をいかして出産後に復帰することも可能です。

資格 健康運動指導士（公益財団法人 健康・体力づくり事業財団）・健康運動実践指導者（公益財団法人 健康・体力づくり事業財団）※種目ごとに資格が異なります。

お仕事データ

勤務場所：スポーツジム、病院、老人介護・保健福祉施設など
勤務時間：1日8時間程度。残業も多い
休日：不定期
勤務形態：正社員、契約社員、アルバイト、フリーなど
給料：月収18万円程度から

この本を読んでみて！
『ライザップはなぜ、結果にコミットできるのか』
上阪徹／あさ出版

スポーツインストラクター

資格保持者は、女性が男性の倍近くいるのが現状です。持っていると就職活動の際に有利ですが、資格や学歴より大会での実績が採用につながることもあります。

どうやったらなれるの？

スポーツジムに就職
↓
インストラクター研修を受ける
↓
スポーツインストラクターに!

出産後は、ママ向けのスポーツに挑戦！

妊娠や育児の経験によって新しいスポーツに挑戦できるのが、スポーツインストラクターのいいところ！　ベビーダンスや親子体操など、子どもと一緒にできる運動はママならではのスポーツです。子育ての相談に乗ったり、友達の輪を広げたりと、育児中のママの手助けができるのも、大きなやりがいの一つ。育休中は子育てに翻弄されて慌ただしくなりがちですが、なんとか時間をつくり、復帰後に新しい仕事ができるよう資格取得を目指す人もいます。

スポーツインストラクターの需要が拡大中！

最近は健康な体づくりのために運動をするお年寄りや、ストレス解消・ダイエットのために会社帰りにジムに通う人が増えています。つまりスポーツインストラクターの需要が高まっているということ！　健康運動指導士資格を取得できるのは保健師や管理栄養士、4年制の体育系大学卒業者などに限られていますが、資格がなくても大丈夫。資格や学歴ではなくスポーツをどれだけやっていたかということが採用のポイントです。

妊娠したら、続けられない場合も……

妊娠中に行う適度な運動は、妊婦にとっても赤ちゃんにとっても良いこと。でもなかにはお腹にいる赤ちゃんの発育の妨げになってしまうスポーツもあります。そのため、場合によっては妊娠と同時に休職せざるを得ないケースも。続けたくても、体調が悪ければ無理は禁物です。順調にキャリアを積んでいるスポーツインストラクターのなかには、急な妊娠にならないよう、事前に人生設計を立てる人もいます。

思いだして悲しんでばかりいないで、さっさと忘れてにっこりすることだわ。
／クリスティーナ・ロセッティ

マッサージ師

未経験OK

資格が必要

女性が多い

自宅でできる

再就職しやすい

- ○体の不調改善のためのマッサージ。
- ○国家資格の合格率が高い！
- ○開業すれば産休・育休を自分で設定できる。

▼

こんな人にピッタリ

立ったまま力を入れてコリをほぐしていくため体力が必要です。また患者の体に触れながら会話をしたり、説明をしたりすることも多く、社交的な雰囲気や人柄の良さも求められます。

Q どんな仕事？

肩こりや腰痛など体の不調を持つ人に対して、マッサージを行う仕事です。正式名称は「あん摩マッサージ指圧師」。養成校への入学は難しいですが、実技試験がなく筆記試験のみで受験できるため、合格率が高く取得しやすい資格です。

Q 子育て中は？

自分で開業した場合、産休・育休は自由に設定することができます。しかし、その間手伝ってくれる人がいなければお店は一時閉店に。一緒に経営していく仲間を見つけたり、夫婦で協力したり、お客様が離れないような工夫が必要です。

資格 あん摩マッサージ指圧師（国家資格）MUST!

お仕事データ

勤務場所：治療院、病院、リハビリテーションセンター、老人福祉施設

勤務時間：1日8時間程度

休日：平日に週1～2日

勤務形態：正社員、契約・派遣社員、パート、アルバイト。開業もできる

給料：月収16万円程度から

この本を読んでみて！

『コリと痛みの地図帳 プロが教えるマッサージの処方箋72』

石垣英俊／池田書店

あん摩マッサージ指圧師の資格取得後は、治療院などに勤務して経験を積み、その後独立・開業する人が多数派です。自分の腕や顧客層、立地などの条件によっては、高収入を得ることも可能。

どうやったらなれるの？

高校、専門学校、大学などを卒業

↓

国が指定した養成機関で3年以上勉強

↓

国家試験に合格する

↓

マッサージ師に！

開業するには学費と開業資金が必要

マッサージ師として独立・開業する場合、専用の器具はほとんど必要ありません。治療室と待合室があり、一定の面積があれば、マンションの一室でもOK！ 保健所に「施術所の開設」という届けを出し、下記の準備をすれば開業することができます。

開業までに必要な準備

- 資格を取得する
- 地域の保健所に届けを出す
- お店の準備（往診のみの場合は必要なし）
- ウェブサイトや広告物の製作

ただし、資格の取得や場所の確保にはお金がかかります。学費は300万〜500万円程度、開業資金は300万〜1000万円程度。資格取得前から資金集めを始めたり、資格取得後にマッサージ店で働いて資金を貯めたりと、計画的に準備をする人が多いようです。

人には二つの手がある　一つは自分を助ける手　そしてもう一つは他人を助ける手。
／オードリー・ヘップバーン

保健師

- ○ 役所・企業・学校で健康面をサポート。
- ○ 赤ちゃんからお年寄りまで優しく対応。
- ○ 残業が少なく土日休みで続けやすい。

こんな人に
ピッタリ

高齢者や心の病を抱えた人など、さまざまな立場の人から健康に関する相談を受けるため、幅広い知識が必要です。また、どんな人にもおおらかな気持ちで接することができる包容力も欠かせません。

未経験OK
資格が必要
女性が多い
自宅でできる
再就職しやすい

Q どんな仕事？

看護師が病気や怪我をした患者を相手に働くのに対し、保健師は市区町村役場や地域の保健所、学校、企業などに勤め、病気の予防と健康管理をする仕事。看護師より、人の相談に乗る仕事やデスクワークが多いのが特徴です。

Q 子育て中は？

男性は少なく女性が大半を占めています。残業は少なく土日休みの職場が多いため、家事や子育てとの両立がしやすいのも特徴の一つ。深刻な相談話をストレスに感じる人もいますが、話を聞くのが得意な人なら続けやすい職業です。

| 資格 | 保健師（国家資格） MUST!

| お仕事データ |

勤務場所：地域の保健所、一般企業、学校、病院、福祉施設など
勤務時間：1日8時間程度
休日：土日祝日
勤務形態：正社員
給料：月収18万円程度から

この本を読んでみて！
『保健師ものがたり』
大阪府保健所の保健師活動を語り継ぐ会／せせらぎ出版

保健師

国家資格を得るためには
看護師免許（もしくは看護師国家
試験受験資格）が必要。
看護師養成機関と保健師養成学校
で学ぶか、両方の授業がある
看護系の4年制大学で
学ぶ必要があります。

どうやったらなれるの？

養成学校、看護系の大学などを卒業

↓

国家試験に合格

↓

地域の保健所、一般企業、学校などに就職

↓

保健師に！

知識が身につき、子育てへの理解もある

保健師はかつて、子育て相談に乗ったり乳幼児の健診をしたりと、家庭向けの母子保健活動が中心の職業でした。そのため子育てに理解のある人が多い職場です。また最近は、介護福祉士や理学・作業療法士と一緒に高齢者の生活指導をすることも。仕事をしながら介護に関する知識が得られるため、親の介護時も安心です。

産業保健師・行政保健師・学校保健師の違いは？

保健師には、産業保健師や行政保健師、学校保健師などいくつかの種類があります。産業保健師は企業内の保健室などで働く人。産業医や衛生管理者とともに労働者をサポートします。行政保健師は市区町村の保健所などで働き、検診・予防・健康指導など仕事内容は多岐にわたります。学校保健師はいわゆる「保健室の先生」。養護教諭の免許が必要で、公立校の場合は公務員採用試験に合格しなければなれません。

突発的な残業で保育園のお迎えに遅刻……

看護師に比べて残業が少なく、夜勤もない保健師。結婚や出産をきっかけに、看護師から保健師への転職を考えるのは、よくある話です。しかし、時には突発的に残業が発生してしまうことも。一日に何軒も訪問した日には、帰社後、訪問記録の作成に追われます。自宅でもできそうな仕事ですが、個人情報の持ち出しは厳禁です。またなかには相談の電話がかかってきたときは定時を過ぎていても対応する、という方針の職場も。子どもを保育園に迎えに行きたくても自分の都合では帰れないこともあります。

未来は、自分の夢の美しさを信じている人たちのもの。／エレノア・ルーズベルト

ウェブデザイナー

- トレンドに合わせてウェブサイトをデザイン。
- 社内勤務日の服装は自由!
- 出産前や子育て中も自分で情報収集&勉強。

▼

こんな人にピッタリ

デザインを整えるため、ミリ単位でのサイズ調整など細かな作業が多い仕事。一つの作業に没頭し、納得できるまで作り続ける根気と集中力のある人に向いています。

未経験OK
資格が必要
女性が多い
自宅でできる
再就職しやすい

Q どんな仕事?

コンピュータ言語や専門的なソフトなどを使い、ウェブサイトのデザインをする仕事です。お客様の意向を聞き、画像や文字のレイアウトに工夫を凝らし、動画や音声、システムを効果的に使いながら組み立てていきます。

Q 子育て中は?

企業勤めだと、会社側が最新のデザインやトレンド、便利なシステムを学ぶ勉強会を開いてくれることもあります。しかし子育て中に自宅で仕事ができるよう独立すると、自分で学ばなければ知識が増えません。出産前から積極的に情報を収集するクセをつけておきましょう。

| 資格 | ウェブデザイン技能士(国家検定)

| お仕事データ |

勤務場所: 自宅、デザイン事務所、ウェブ制作会社など
勤務時間: 不規則
休日: 不定期
勤務形態: 正社員、契約社員、派遣社員。フリーも多い
給料: フリーは仕事内容によって変わる。社員は月収17万円程度から

この本を読んでみて!
『ウェブデザインを仕事にする。プロの考え方、ワークフロー、つくる楽しさ』
ラナデザインアソシエイツ監修 フレア著/エムディエヌコーポレーション

ウェブデザイナー

パソコン環境とソフトウェアを
そろえて、独学でデザインの技術を
身につける人もいます。
しかしウェブデザイナーに一番
なりやすいのは、専門学校で学び、
推薦で就職する方法です。

どうやったらなれるの？

美大、デザイン専門学校
などを卒業
↓
ウェブ関連の
デザイン事務所などに就職
↓
ウェブデザイナーに！

ウェブサイトは連携プレーでできあがる！

職種	仕事内容
営業	お客様から案件を受注する
ディレクター	総監督として全体を管理して指示を出す
ウェブデザイナー	ウェブサイトのデザインを考える
ライター	掲載する記事の原稿を書く
カメラマン	掲載する画像を撮影する
コーダー	HTMLやCSSを使用して実際のページを組み立てる
プログラマー	プログラミング言語を使って動的なページを作成する

一つのウェブサイトができるまでには、さまざまな職種の人が関わります。
なかでも、ウェブデザイナー・ライター・カメラマン・コーダー・プログラマーは、
実績と技術と人脈があれば、独立し、自宅で作業をすることも可能な職種です。
しかし毎日自宅にいると、ウェブに関する最新情報を人に聞いたり、
デザインの相談をしたりする機会が減ってしまいます。独立しても、
一人での作業に限界を感じて企業勤めに復帰する人もいるようです。

もし世界を変えたければ、自分自身を変えることから始めよう。／フィリピンの格言

システムエンジニア

- コンピュータシステムを動かす司令役！
- システムトラブルがあったら深夜も仕事。
- 突発的なトラブルで深夜・休日出勤も。

こんな人にピッタリ

コンピュータを熟知していることはもちろん、人と関わるのが好きな人に向いている仕事です。専門用語をわかりやすく話し、人に理解してもらうための手間を惜しまない人が求められています。

未経験OK
資格が必要
女性が多い
自宅でできる
再就職しやすい

Q どんな仕事？

コンピュータを動かすシステムの開発と設計を行う仕事です。一日中オフィスにいる仕事だと思われがちですが、システムエンジニア（SE）はプログラミングをするプログラマーとシステム利用者の間の橋渡し役。コミュニケーション力も重要です。

Q 子育て中は？

システムが完成する前日にトラブルが発生したり、お客様から変更の要望が入ったりすることも。子どもの学校行事があって有休をとっていても、自分でなければ解決できないトラブルに巻き込まれて、出勤を要請される可能性があります。

資格 応用情報技術者（IPA 独立行政法人 情報処理推進機構）

お仕事データ

勤務場所：コンピュータメーカー、ソフトウェア関連会社など
勤務時間：1日10時間程度
休日：土日祝日。休日出勤も多い
勤務形態：正社員、契約社員、派遣社員など
給料：月収20万円程度から

この本を読んでみて！
『なれる！SE』
夏海公司／KADOKAWA

システムエンジニア

理工系の学部の出身者が多いですが、文系出身の人や独学で勉強して就職する人もいます。正社員はキャリアアップできますが、派遣社員の場合は学習能力の高い若手SEが重宝されがち。

どうやったらなれるの？

専門学校、大学の理工学部などでプログラムやシステムの知識を学ぶ

↓

システム開発会社、コンピュータ会社のシステム管理部などに就職して経験を積む

↓

システムエンジニアに！

お客様との打ち合わせが多い仕事です。ニーズに合わせて設計内容を繰り返し精査し、お客様の業務内容の土台を支えるシステムを構築していきます。

未来とは今である。／マーガレット・ミード

パソコンインストラクター

未経験OK

資格が必要

女性が多い

自宅でできる

再就職しやすい

- ○パソコンの操作方法を幅広く教える。
- ○子どもからお年寄りまで優しく指導。
- ○産休・育休中もパソコンについて勉強！

こんな人にピッタリ

パソコン操作初心者に同じ内容を繰り返し説明し、理解してもらえるまで根気強く教え続ける忍耐力が必要です。資格がなくても働くことはできますが、信頼感や収入面で差が出ます。

Q どんな仕事？

パソコン教室やビジネス専門学校、企業内のパソコン講習会で、パソコンの操作方法を教える仕事。初級コースの生徒には電源のつけ方から教え、上級コースの生徒には最新の機能や応用編を教えるため、幅広い知識が必要です。

Q 子育て中は？

日々進歩するIT業界の最新技術を覚えるなど、産休・育休中も積極的に情報を仕入れていく姿勢が大切です。未経験者をパート社員として募集しているスクールが多数あるため、家計の足しにするにはオススメです。

資格 日商マスター（日本商工会議所）
パソコンインストラクター資格認定（一般財団法人 全日本情報学習振興協会など）

お仕事データ

勤務場所：パソコン教室、展示会など
勤務時間：1日8時間程度
休日：週1～2日
勤務形態：正社員、契約社員、アルバイトなど
給料：月収18万円程度から

この本を読んでみて！
『講師・インストラクターハンドブック』
中村文子、ボブ・パイク／日本能率協会マネジメントセンター

パソコンインストラクター

専門知識が必要になるため、
専門学校、もしくは通信教育で
学ぶ人がほとんどです。在学中に、
パソコン関連だけでなく、
インストラクターの資格を
取得しておくと就職に有利です。

どうやったらなれるの？

高校、情報処理系の専門学校、
大学などを卒業

↓

ソフトウエア会社、パソコン教室
などに就職

↓

実務経験を積む

↓

パソコンインストラクターに！

自宅で開業すれば家事と両立しやすい！

パソコン教室で経験を積んだら、独立して自宅での開業も可能。自分の空き時間に教室を開くことができ、子育てとの両立がしやすくなります。なかには「最初は一人でできるか心配だったけど、人に教えることでスキルアップにつながり、自分自身の成長になった」という人も。機材の準備や集客など苦労もありますが、パソコンの技術や人に教えることが好きな人は、思いきって独立すると視野が広がります。

親切で丁寧なインストラクターが人気！

パソコンインストラクターのなかでも、特に教え方が丁寧な人が人気を集めています。操作が難しくて困っているお客様に「私もいつも苦労するんですよ」と一声かけたり、お客様目線で間違えやすいポイントを説明したり、工夫の余地はいろいろなところにあります。パソコンなどの電子機器が普及すればするほど、インストラクターの需要は伸びていきます。今後も女性の進出が見込める仕事です。

休んではいられない！ 産休・育休中も勉強

産休や育休で現場から離れてしまうと、最新のパソコン技術についていけなくなってしまうことも……。パソコン機器本体も、ソフトも、インターネットも、日々技術が進化しています。産休・育休後すぐに復帰したい場合は、休暇中も積極的に勉強しましょう。通信教育で資格を取得したり、インターネットで最新情報を仕入れたり、時には会社に顔を出したりと、できることは多々あります。パソコンの資格やインストラクターの資格を取得しておくと、引っ越しても再就職しやすくなるというメリットもあります。

人間のやったことは人間がまだやれることの1000分の1にすぎない。／豊田佐吉

気象予報士

◯膨大なデータをもとに天気を予測する仕事。

◯合格率は低く採用数も少ない、狭き門。

◯資格があればさまざまな業界で使える！

▼

こんな人にピッタリ

気象庁の気象台に所属する気象予報士は、台風などの災害が起きる前に警報や注意報を出しています。知識やデータ分析能力だけでなく、迅速で冷静な判断力が求められます。

未経験OK

資格が必要

女性が多い

自宅でできる

再就職しやすい

Q どんな仕事？

気象庁から提供される観測データから天気を予測する仕事です。膨大な観測データをまとめる高度な計算能力が必要。テレビで解説をしているイメージの強い職業ですが、実際に資格をいかして働いている人はほんの一握りです。

Q 子育て中は？

子育て中に通信教育で勉強して気象予報士として再就職しようとする女性が毎年います。しかし気象予報士の求人はごくわずか。資格を武器に、レジャー・建築・サービス関係の会社など、天気予報が必要な一般企業への再就職を狙うのが現実的です。

| 資 格 | 気象予報士（国家資格） MUST!

| お仕事データ |

勤務場所：テレビ局、ラジオ局、気象予報会社など

勤務時間：1日8時間程度（交代制）

休日：週2日程度

勤務形態：テレビ局、気象予報会社の正社員など

給料：月収20万円程度から

この本を読んでみて！

『一〇〇〇ヘクトパスカル』

安藤祐介／講談社

気象予報士

天気予報ができるのは気象予報士の資格を持ち、気象庁に登録している人だけ。合格率は平均で約6%。気候や気圧の知識に関する筆記試験と、実際に天気を予報する実技試験があります。

どうやったらなれるの?

高校、専門学校、大学などを卒業

↓

国家試験に合格し資格を取得

↓

テレビ局や気象予報会社に就職or
公務員試験に合格し気象庁に就職

↓

気象予報士に!

レジャー産業、建築業、
アウトドアスポーツ、防災関連etc.
資格を通して自分が社会にどんな影響を与えたいのか、
資格の先に目標を設定して!

虹がほしけりゃ、雨は我慢しなきゃいけない。／ドリー・パートン

5

人を育てる&ケアするのが好き！

人の成長や老いと向き合うことに
マニュアルはありません。
毎日、生徒や高齢者一人ひとりの気持ちと未来を
考えて一緒に成長していく、
ロボットにはできない仕事です。

福祉

- ケアマネージャー→p182
- 介護福祉士→p186
- ケースワーカー
- 言語聴覚士
- 義肢装具士
- ボランティアコーディネーター

etc.

- ホームヘルパー→p184

教育・人材育成

- 小学校教諭→p168
- 学校事務→p172
- 学童保育指導員
- 特別支援学校教師
- 予備校教師
- 学習教室指導者→p174
- 楽器や歌の先生→p176
- 大学教授→p178
- キャリアカウンセラー→p180

etc.

- 中学・高校教諭→p170

出産・育児

- 保育士・幼稚園教諭→p162
- 助産師→p166
- 産婦人科医
- ベビーシッター
- 乳母（ナニー）
- チャイルドカウンセラー
- キッズ教室インストラクター

etc.

- 産後ドゥーラ→p164

保育士・幼稚園教諭

未経験OK
資格が必要
女性が多い
自宅でできる
再就職しやすい

○明るく元気いっぱいで、声も大きい！
○歌やピアノが上手な、園児の憧れ。
○保護者とのコミュニケーションも大切！

こんな人にピッタリ

責任感と根気のある、健康な人が望まれます。時には複数のスタッフで協力して何十人もの子どもを同時に世話するため、体力とチームワーク力も必要です。

Q どんな仕事？

保育園は0歳から、幼稚園は3歳から子どもを預かり、食事などの日常生活や、集団で生きていくためのルールを教えます。保育園は朝から夜まで働く夫婦の子育てを手伝う福祉施設で、幼稚園は昼間に幼児教育を行う学校です。

Q 子育て中は？

最近は長時間園児を預かる幼稚園も登場し、年々形態が変化しています。シフト制の有無など、園独自のシステムによって家事や子育てとの両立のしやすさが大きく変わるため、就職活動をする際には職場環境を入念に確認しましょう。

資格　保育士（国家資格）MUST!
幼稚園教諭（国家資格）MUST!

お仕事データ

勤務場所：保育園、幼稚園、児童福祉施設、病院内の保育施設など
勤務時間：1日8時間程度（シフト制の場合あり）
休日：週2日程度（シフト制など）
勤務形態：私立は正社員、公立は公務員、パート、アルバイトなど
給料：月収17万円程度から

この本を読んでみて！
『戦うハニー』
新野剛志／KADOKAWA

保育士の場合、育児施設のある会社や商業施設の託児所、児童館など、保育園以外の場所でも資格が役立ちます。育休を取りづらい場合は保育園以外の施設にも目を向けてみましょう。

どうやったらなれるの？

保育士養成課程、幼稚園教諭コースのある専門学校、大学などを卒業

↓

保育士の場合は国家試験に合格し、保育園の採用試験を受ける。
幼稚園教諭の場合は、公立なら公務員試験、私立なら幼稚園の採用試験を受ける

↓

保育士・幼稚園教諭に！

ベテランぞろいの保育園、若手の多い幼稚園

	保育士	幼稚園教諭
保育対象年齢	0歳から小学校入学前まで	3歳から小学校入学前まで
保育時間	7時半頃から18時半頃まで 標準11時間（延長なしの場合）	9時半頃から14時頃まで 標準4時間（延長なしの場合）
保育の目的	日常生活の補助や生活習を身につける手伝いをする（保護者に近い）。	知識や品格を会得させ、芸術活動、運動などを通して教育する（学校の先生に近い）。
資格・免許取得方法	大学や短大、専門学校の保育士養成コースの課程を修了し、卒業したあと、保育士試験（国家試験）を受験し合格する。	大学や短大、専門学校の幼稚園教諭免許状が取得できる課程を修了して卒業する。

保育士は公務員。給与が安定しているため、産休・育休を取得して現場復帰する人が大勢います。一方の幼稚園教諭は、退職する人が多め。全く違う職業に就いたり、育児が落ち着いてからパート社員として復帰したりします。園によって保育方針が異なり、業務内容や働きやすさ、園内の雰囲気が大きく変わります。
就職活動をする前に、地元での評判を聞いておきましょう。

やさしさっていうのは苦しさっていうのも含まれる。／武満徹

産後ドゥーラ

- 子育てで困っている母親をサポート！
- 日本に導入されたばかりの新しい職業。
- 母体への負担を考慮し産後一年は仕事なし。

こんな人にピッタリ

単なる家事や育児のサポートではなく、育児中の不安を解消するのが産後ドゥーラの仕事。カウンセラーのように聞き上手で、母子の様子に合わせて柔軟に対応できる人が求められています。

未経験OK

資格が必要

女性が多い

自宅でできる

再就職しやすい

Q どんな仕事？

出産や育児の経験をいかし、孤独に子育てをする母親を支える仕事です。仕事内容は、母親サポート・家事サポート・育児サポートの三つ。1回（2〜3時間）の料金や訪問範囲を自分で設定し、個人事業主として活動します。

Q 子育て中は？

子育てのあらゆる経験が役立つ仕事ですが、自分の子どもを連れての講座受講は認められていません。また、産後一年は産後ドゥーラとしての仕事は不可。妊娠中・産後の母体に負担をかけないよう配慮されています。

資格 産後ドゥーラ（一般社団法人ドゥーラ協会） MUST!

お仕事データ

勤務場所：お客様の自宅
勤務時間：不規則。基本は1日2〜3時間
休日：不定期
勤務形態：フリー
給料：時給2000円程度から

この本を読んでみて！

『産後ママの心と体がらく〜になる本』
赤すぐ編集部、大原由軌子／メディアファクトリー

産後ドゥーラ

成人女性であれば、年齢や出産経験は問われません。ただし産後ナイーブになった母親に寄り添うには、子育て経験のある人のほうが安心感があり、お客様数も増えるでしょう。

どうやったらなれるの？

養成講座を受講する

↓

検定合格後、ドゥーラ協会に入会し、認定を受ける

↓

再度、養成講座を受講する

↓

実習、認定試験、面談を経て産後ドゥーラに！

日本の母親たちを救え！ 米国から来た救世主

「ドゥーラって何？」そう思った人も多いはず。この仕事は、まだ日本にできたばかりの職業です。米国を訪れてドゥーラの仕事を見た女性助産師が日本に導入しました。現在日本では核家族化、都市化などが進み、実母や義母の就労や介護、高齢化など、さまざまな理由から産前・産後に親を頼れない状況になっています。そこで活躍するのが産後ドゥーラ。周りに頼る人もいないなか、たった一人で孤独に子育てをしている母親たちを支える重要な存在です。今後需要が高まる可能性も大きいでしょう。

子育てあるある相談は経験者にお任せあれ！

「抱っこひもって、どうやって使ったらいいの？」「子どもが保育園に行きたがらなくて……」。そんな子育てあるある相談を受けるのも、産後ドゥーラの仕事の一つ。自分の体験談をまじえながら、優しくアドバイスします。産後ドゥーラになるための講座の中で、助産師を中心に、産婦人科医・看護系大学教授・管理栄養士などのプロの講師から、妊娠・出産・子育てを支えるための知識を学びますが、自分自身も栄養士などの資格を持っていると、仕事の充実度がアップします！

経験がものを言う！ 安定しない仕事

産後ドゥーラの収入は、1時間2000～5000円が相場。1日に複数人のお客様を掛け持ちすれば収入は増えます。また、産後ドゥーラとして働いた実績や、資格の有無、サービス内容によって個々人で料金を上げることができます。でも慣れない間は収入も少なく、この仕事だけで生活していくのは困難なのが現状です。

痛みを早く和らげるには、心にゆとりを持つこと。／リリー・トムリン

助産師

○妊娠中・出産・産後の頼れる存在。

○病院が働きやすい環境づくりに取り組み中。

○出産は突然！24時間体制で勤務。

こんな人に
ピッタリ

精神的に不安定になりがちな妊婦の相談に乗り、適切なアドバイスをする助産師は、妊婦にとって頼りになる存在です。思いやりの心があり、人が好きな人に向いています。

未経験OK

資格が必要

女性が多い

自宅でできる

再就職しやすい

Q どんな仕事？

妊娠中・出産・産後のサポートをする仕事です。妊娠中は母子の健康チェックや食べ物・運動の指導を行い、出産時には介助します（リスクを伴う場合は医師も立ち会い）。出産後はお風呂の入れ方など、育児に関する指導を行います。

Q 子育て中は？

自分の出産を機に退職する助産師も多くいますが、その状況を改善しようと多くの病院が奮闘中。24時間サポート可能な院内保育施設の開設や、ブランクが心配な人のための復職支援など、働き続けやすい職場環境づくりに励んでいます。

資格　看護師（国家資格）MUST!
助産師（国家資格）MUST!

お仕事データ

勤務場所：病院、助産院、地域の保健センターなど
勤務時間：不規則（病院は交代で夜勤あり。助産院は出産の時間による）
休日：不定期
勤務形態：正社員、契約社員。開業もできる
給料：月収21万円程度から

この本を読んでみて！
『コウノドリ』
鈴ノ木ユウ／講談社

助産師

家で出産したいという女性をサポートするため助産院を開業する人もいます。病院で働くだけでなくさまざまな形で女性をサポートできる職業です。なお、助産師は女性限定の資格です。

どうやったらなれるの？

高校、専門学校、大学などを卒業

↓

看護師免許を取得

↓

助産師養成校を卒業

↓

助産師国家試験に合格して
助産師に!

少子化だけどニーズは増える一方！
出産経験を経て、
助産師を目指す女性も増えていますが、
幼子をかかえながら実習を受け、
資格を取得するのは難しいでしょう。

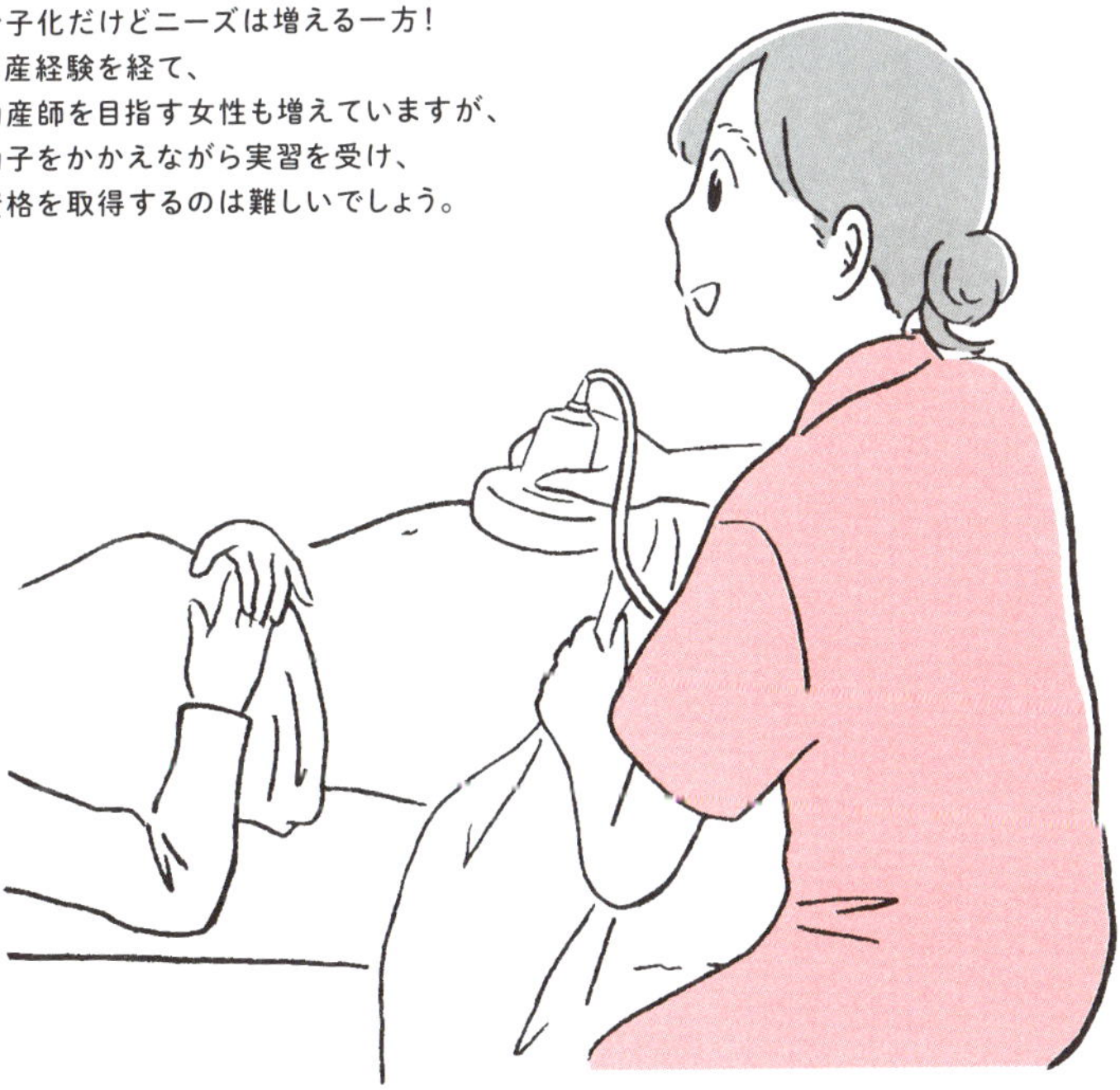

生命以外に富はない。／ジョン・ラスキン

小学校教諭

○小学校で児童に勉強などを教える先生。

○授業・給食・部活と座る暇もない忙しさ!

○仕事が終わらない日は自宅で続行。

こんな人にピッタリ

時代の流れとともに教育現場を取り巻く状況は変わっていきますが、いじめやモンスターペアレントなど、厳しさは年々増しています。問題発生時、教師に求められるのは柔軟な対応です。

Q どんな仕事?

小学校で全ての科目を教える仕事です。放課後には遠足や修学旅行などの課外授業を企画したり、保護者からの相談を受けたり、職員会議に参加したりと遅くまで仕事が続きます。それを、つらいととるか楽しいと思うかは本人次第です。

Q 子育て中は?

育児をしながら働く場合は児童のノートや配布物を自宅に持ち帰り、家事を終えてから確認。自分の子どもと児童、どちらが大切かと問われるときもありますが、どちらも同じように大切にしたいと思う気持ちが大切です。

資格 小学校教諭免許状（国家資格）MUST!

お仕事データ

勤務場所：小学校
勤務時間：1日10時間程度
休日：土日祝日（春・夏・冬休みも出勤）
勤務形態：公立学校なら公務員、私立なら正社員
給料：月収21万円程度から

この本を読んでみて!
『浪花少年探偵団』
東野圭吾／講談社

未経験OK
資格が必要
女性が多い
自宅でできる
再就職しやすい

小学校教諭

1～2年単位で担任が代わるため休みをとりやすく、復帰もしやすい環境。ただし1年の途中から産休に入ると生徒に影響を及ぼすことも。4月から産休に入れるよう計画的に準備をする人もいます。

どうやったらなれるの?

大学の教育学部などを卒業
↓
教員免許を取る
↓
教員採用試験に合格
↓
小学校教諭に!

小学校・中学校・高校教諭　なるならどれ？

	小学校教諭	中学校教諭	高校教諭
女性教員の割合	半数以上	約半数	半数以下
部活動	短時間	長時間（長期休暇中も活動あり）	長時間（長期休暇中も活動あり）
仕事内容	登下校、休み時間、給食の時間など、基本的にはクラスの児童とともに過ごす。中学・高校以上に結びつきが強い。	クラスの担任や授業だけでなく、部活動の顧問、生活指導、進路指導、学校行事の運営など、幅広い仕事がある。	部活動の顧問、生活指導、進路指導などの仕事がある。授業では高度な専門知識が求められる。
苦労すること	ほぼ全ての教科の授業を一人の教員が行うため、些細な問題をきっかけに学級崩壊が起きてしまう恐れがある。	思春期の中学生に親身に寄り添い、時には精神面の指導も行う必要がある。	高校時代の進路指導により、生徒の人生は大きく変わる。適切で説得力のあるアドバイスをしなくてはならない。

※女性教員の割合は地域によって異なります。

本当によく遊ぶ子どもはよく学ぶ　今学ばなくても　やがてはきっと　よく学ぶ。
／野村芳兵衛

中学・高校教諭

○中学・高校で特定の教科を教える仕事。

○部活動・文化祭・ＰＴＡの準備も行う。

○超多忙！ 家族のサポートは必須。

未経験OK

資格が必要

女性が多い

自宅でできる

再就職しやすい

こんな人にピッタリ

多忙をきわめる職業なので、本気で教育に携わりたい人でないと難しいかもしれません。学科の指導力のほか、多感な時期の生徒の気持ちを汲むことができる想像力、トラブル適応力なども必須。

Q どんな仕事？

国語、英語、数学など、特定の専門教科を中学生・高校生に教える仕事です。授業以外にもクラス担任として生活面や進路の指導を行うほか、部活動・学校行事・ＰＴＡなど学外の教育現場でも活躍します。

Q 子育て中は？

体育祭や文化祭、生徒指導を教師主導で行う中学教諭は、高校教諭に比べて多忙になりがち。育児中の女性にとっては両立が難しい仕事です。しかし最近は女性の教頭や校長が増えて男女平等な職場づくりが進んでいます。

資格 中学校教諭1種（大卒程度）、2種（短大卒程度）、専修（大学院修士課程修了程度）免許状（国家資格）MUST!・高校教諭1種（大卒程度）、2種（短大卒程度）、専修（大学院修士課程修了程度）免許状（国家資格）MUST!

お仕事データ

勤務場所：公立、私立の学校

勤務時間：1日11時間程度。持ち帰りも多い

休日：基本的に土日祝日。休日出勤も多い

勤務形態：公立高校なら公務員、私立なら正社員

給料：月収22万円程度から（模試監督をすると追加収入がある）

この本を読んでみて！

『ドラゴン桜』
三田紀房／講談社

どうやったらなれるの？

大学の教員養成課程などを修了

↓

教員採用試験に合格

↓

中学・高校教諭に！

子育て中は、放課後に長時間勤務することができないため、活動時間の少ない部の顧問や、体育会系の部活動の第3顧問（直接的には指導しない顧問）にしてもらうことができます。

あのキャラは作り物!? 秘密の役割分担

生徒指導の先生や教頭は厳しい、養護教諭や校長は優しい、などのイメージは、誰にでもあるはず。実はあの厳しさや優しさは、各学校で教員ごとに割り振られたキャラクターだったりもします。それに生徒が気づくのは、彼らが大人になった頃。すぐに成果があらわれない仕事ですが、大人になってから再会したときの感動は、何ものにも代え難いものだと言われています。

社会人経験は強い！ 転職組も大歓迎

教員養成課程を修了し、そのまま教師になった人は企業で働いた経験がありません。「これから社会に出ていく子どもたちに、世の中の仕組みをちゃんと教えられるの？」という疑問の声があがることもしばしば。そこで、一般企業からの転職者が歓迎されています。社会人経験後に転職する人は志気が高く、夢や抱負を胸に覚悟を決めている人がほとんどです。通信講座や社会人向けの大学などを利用して転職しやすいのも中学・高校教諭の特徴の一つです。

顧問はつらいよ……。プライベートが犠牲に

中学・高校教諭は、この仕事図鑑のなかでも上位に入る忙しさ。部活動の大会前など、授業以外の仕事での残業や休日出勤が当たり前になると、必然的にプライベートタイムが犠牲に……。仕事を持ち帰ったりして子育てと両立している女性教師も多くいますが、成績関連の書類は持ち出し厳禁になっているため学校で処理しなくてはなりません。教師は、そこまでしても教育に携わりたい人でなければ務まらない仕事です。迷いのある人は、教育実習で適性を見極めましょう。

勝つために、二度以上勝負に挑まなくてはならないときがある。
／マーガレット・サッチャー

学校事務

- 学校のあらゆる事務作業を行う仕事。
- 残業量は学校の規模によって異なる。
- 校内で子育ての経験が役立つ！

未経験OK

資格が必要

女性が多い

自宅でできる

再就職しやすい

▼

こんな人にピッタリ

金銭を扱うこともあるため、正確かつ周囲から信頼される人に向いています。また、子どもや若者に対して気さくで親しみやすい雰囲気のある人が求められています。

Q どんな仕事？

財務経理や人事など、学校の運営業務全般に関わる仕事。業務内容は学校によって異なりますが、出張状況書類の管理、物品・施設の管理、生徒の転出入書類の確認、生徒手帳の発行、新年度の予算申請などがあります。

Q 子育て中は？

長期間働く前提での求人が多く比較的収入が安定しています。また児童・生徒と関わる機会も多数あり、子育ての経験が役立つのも魅力の一つ。しかし定時制学校や夜間制の専門学校では午後から出勤して深夜まで仕事をすることも。残業量の多い学校もあります。

資格 特になし

お仕事データ

勤務場所：各種学校
勤務時間：1日8時間程度
休日：土日祝日
勤務形態：正社員、パート、アルバイトなど
給料：月収15万円程度から

この本を読んでみて！
『本当の学校事務の話をしよう』
柳澤靖明／太郎次郎社エディタス

資格は不要ですが、ワードやエクセルなどのオフィス系ソフトをある程度使えると、採用試験で有利に！ さらに力をつけたい人は、簿記を学んでおきましょう。

どうやったらなれるの？

高校、専門学校、大学などを卒業

↓

公務員試験or
各学校の採用試験に合格

↓

学校事務に！

本来なら大規模な学校ほど人数が増えるはずですが、全国的にほとんどが1校に一人、未配置の小・中学校もあります。児童・生徒数が多いのに誰にも頼れない……という状況も。

どんな人であっても何か美しいものを持っているものです。／マザー・テレサ

学習教室指導者

- 自宅や外部教室で教育をサポート。
- 保護者とのコミュニケーションも大切。
- 子育てをした経験が仕事で役立つ！

未経験OK
資格が必要
女性が多い
自宅でできる
再就職しやすい

▼

こんな人にピッタリ

資格や経験より、意欲や人柄、指導力が大切です。誰でも近寄りやすい柔和な雰囲気で、子どもとのコミュニケーションに慣れており、褒め上手な人に向いています。

Q どんな仕事？

自宅や自宅付近に借りた教室で子どもたちの学習を指導する仕事。まずは全国展開している学習教室の指導者説明会へ行き、採用試験に合格して研修を受けるのが一般的。試験を受けずに自分で生徒を集めて私塾を開く方法もあります。

Q 子育て中は？

子育てがいったん落ち着いてから教室を開く場合は子育ての経験が役立ちます。しかし子育て中に働く場合は一度に複数人の子どもを見なければならないため、自分の子どもも教室内で勉強させるなど、工夫して子育てをする必要があります。

資格 特になし

お仕事データ

勤務場所：学習教室
勤務時間：1日5時間程度から
休日：教室による
勤務形態：正社員、フランチャイズ、アルバイトなど
給料：月収7万円程度から

この本を読んでみて！
『くもんのヒミツがわかる本』
小学館

教師や講師の資格、経験は問われません。しかし子どもたちとの接し方に慣れているという点で一歩リードしているため、資格や経験があったほうが採用されやすいでしょう。

どうやったらなれるの?

高校、専門学校、大学などを卒業
↓
学習教室に就職
↓
学習教室指導者に!

働く女性が増えて学習教室が人気に!

現在日本は少子化が進み、全国的に子どもの数が減っています。しかし働く母親が増えるにつれ、都心部では下校後に通える学習教室の需要が高まっています。特にニーズがあるのは、小学校中学年・高学年の生徒が通える教室。学童保育が小学校3年生までしか受け入れていない地域では、その後、子どもを学習教室に通わせる親が多いようです。

塾講師は夜の仕事!? 塾ではなく学習教室を

中高校生が通う塾や予備校の授業は、一般的に夕方から夜間に開催されます。その時間帯は、まさに夕飯時。そのため塾や予備校の講師と家庭の両立は難しいとされています。一方、学習教室は幼児や小学生が通うため、授業は夕方まで。夜になれば家族と食卓を囲むことができます。塾や予備校ではなく学習教室を選ぶことが、両立の秘訣です。

学習教室経営にトラブルは付き物!?

全国展開の学習教室とはいえ、教室を開設すれば立派な経営者。保護者や近隣住民とのトラブル対応や、経費の算出、教室だよりの発行など、さまざまな業務に追われます。指導員が複数人いる教室なら役割を分担することができますが、それでも急な病気や怪我、学校や地域の行事など、自分一人の都合で教室を休むことはできません。また受験勉強のために教室に通っている生徒がいる場合、受験前後の忙しい時期に長期の休みはとりづらいもの。生徒たちの成長を第一に考え、責任感を持って指導することが大切です。

この世に生を受けたこと　それ自体が最大のチャンスではないか。／アイルトン・セナ

楽器や歌の先生

- 楽器の演奏方法や歌い方を教える仕事。
- 機材や楽器があれば自宅で開講も可能。
- 育休後に復帰する女性が多数！

未経験OK
資格が必要
女性が多い
自宅でできる
再就職しやすい

こんな人にピッタリ

教員免許は不要ですが、生徒が少しでも上達するよう誠心誠意向き合う姿勢が必要です。生徒一人ひとりを大切に想う心を持ち、時に厳しく時に優しく指導できる人に向いています。

Q どんな仕事？

趣味で音楽を楽しみたい人やプロを目指している人に、楽器の演奏方法や歌い方を教える仕事。地元の楽器メーカーやスタジオ、自宅で時間を区切って教えることができるため、家事や育児との両立がしやすい仕事です。

Q 子育て中は？

出産直後は難しいですが、一人遊びができる年齢まで育てて教室を再開する人は多くいます。日本各地で演奏するオーケストラに所属したり、ソロでコンサートをしたりする演奏家よりも続けやすい仕事です。

資格 特になし

お仕事データ

勤務場所：音楽教室、楽器メーカー、自宅など
勤務時間：教室の開催時間による
休日：不定期
勤務形態：経営者、契約社員など
給料：1時間2000円程度から

この本を読んでみて！

『さよならドビュッシー』
中山七里／宝島社

楽器や歌の先生

ピアノや弦楽器、管楽器など
有名な楽器は、音楽大学を卒業
していなければ、活躍は難しい
でしょう。卒業した大学の
レベルによって、生徒からの人気に
差が出てしまうことも。

どうやったらなれるの?

楽器を習う

↓

音楽系の専門学校、大学などを卒業

↓

音楽教室に所属
or自宅で教室を開く

↓

楽器や歌の先生に!

レッスン料金の一例（個人経営の場合）

楽器	1回あたりの料金
ピアノ	1000円〜
バイオリン	2000円〜
サックス	2500円〜
ギター	4000円〜
歌	4000円〜

音楽教室の月謝は、レッスン内容や講師の実績によって料金が大きく変わります。
ピアノ教室を自宅で開く場合、1か月（4回）で4000円の教室もあれば、
1万円以上の教室もあります。

奇跡はそれを信じる人に訪れる。／バーナード・ベレンソン

大学教授

○大学で教育と研究を同時進行。
○時間に制限がなく働きやすい環境。
○産休・育休で昇進が遅れてしまうことも。

こんな人にピッタリ

研究だけしていればいい仕事ではありません。学生との日常的なコミュニケーションは教育に必須！授業だけでなく、普段から学生と会話をしたり、進路の相談に乗ったりできる人が向いています。

Q どんな仕事？

大学で学生の教育と専門分野の研究を行う仕事です。しかし学生による評価制度を導入する大学が増え、授業の準備や事務書類の処理で忙しく、本分である研究に時間を費やせないのが現状。しかも残業手当が出ない学校が大半です。

Q 子育て中は？

授業を2限からにするなど一般企業に比べると自由がきくため、子育てと両立しやすい環境です。しかし、助手・講師・准教授の順に昇進しても、教授になるには欠員を待たなければならず、ステップアップは運とタイミングに左右されてしまいます。

資格 特になし

お仕事データ

勤務場所：大学、大学院など
勤務時間：1日8時間程度。残業も多い
休日：土日祝日
勤務形態：大学に所属、非常勤など
給料：月収35万円程度から

この本を読んでみて！
『桑潟幸一准教授のスタイリッシュな生活』
奥泉光／文藝春秋

- 未経験OK
- 資格が必要
- 女性が多い
- 自宅でできる
- 再就職しやすい

大学教授

大学を4年で卒業した後、
大学院に通います。その後助手か
らステップアップしていきますが、
産休や育休によってキャリアが
ストップしてしまい、男性より
昇進が遅れるケースがほとんど。

どうやったらなれるの？

大学を卒業後、大学院で博士号を取る
↓
大学で助手や講師になる
↓
准教授を経て大学教授に！

授業時間以外で教授は何をしている？

講義がある日のスケジュール例	
7:00〜	朝食・家事
9:00〜	出勤・保育園に預ける
10:00〜	1限目の講義
11:30〜	昼食
12:30〜	学生の研究指導・研究
17:30〜	教授会
19:00〜	帰宅・保育園にお迎え
20:00〜	夕食
21:00〜	入浴
22:00〜	明日の講義の準備
24:00〜	就寝

講義がない日のスケジュール例	
7:00〜	朝食・家事
9:00〜	保育園に預ける
10:00〜	出勤
11:00〜	所属校以外の大学で非常勤講師
12:30〜	昼食
13:30〜	自分の大学に戻り研究
17:00〜	帰宅・保育園にお迎え
18:00〜	夕食
20:00〜	入浴
21:00〜	学会発表の準備
24:00〜	就寝

講義や教授会の有無によってスケジュールが異なります。夏休みなどの
長期休暇になると学生は休みですが、教授の仕事は盛りだくさん。研究を学会で発表
したり、学内での事務手続きを進めたりと、授業以外の仕事も多くこなしています。

成功したいのなら、まずは自分が成功することを思い描くことよ。／ローザ・ディアス

キャリアカウンセラー

未経験OK
資格が必要
女性が多い
自宅でできる
再就職しやすい

○就職に悩む学生や社会人をサポート。
○聞き上手で、アドバイス上手！
○副収入なら○、主な収入にするには△。

こんな人にピッタリ

求められているのは、労働や雇用に関する知識や、相談者が自分で答えを出せるように導くカウンセリング能力。過去に就職や仕事で悩んだ経験があると、説得力が生まれます。

Q どんな仕事？

仕事に関する悩みを持つ人の相談に乗り、適職を見つけるサポートを行う仕事。自分を再発見するためのカウンセリングをしながら、キャリアの形成に向けてアドバイスします。転職の機会が増えている今、幅広い分野で需要が急増中。

Q 子育て中は？

1年契約の非常勤職員である場合が多く、週1～2回のパートタイムとして勤務することも。キャリアカウンセラーだけの収入で暮らしていくのは困難ですが、家庭と両立しながら副収入を得たい場合にはやりがいのある仕事です。

資格 キャリアコンサルタント（国家資格）

お仕事データ

勤務場所：就職支援センター、学校の進路指導室、企業の人事部、人材派遣会社など
勤務時間：1日8時間程度
休日：土日祝日。職場によっては土日出勤も
勤務形態：正社員、契約社員、パートなど
給料：月収18万円程度から

この本を読んでみて！
『ハロワ！』
久保寺健彦／集英社

学校を卒業していきなりキャリアカウンセラーになるのではなく、まずは自分で働いてみて、雇用環境の実態を肌で感じましょう。転職の経験も、カウンセリングに役立ちます。

どうやったらなれるの？

大学を卒業

↓

働きながら、キャリアカウンセラーの資格を取得

↓

転職or異動してキャリアカウンセラーに！

不景気・好景気で仕事が変わる!?

不景気になると、リストラを強行するためにキャリアカウンセラーがリストアップされた従業員を呼び出し、次の働き先やキャリア形成を相談することがあります。企業内では「リストラ・コンサルタント」と非難の目で見られ、会社への不満をぶつけられることも……。しかし好景気になると、仕事は一変！　定年退職後のセカンドキャリアの相談や、労働環境やメンタル的不調による退職の相談など、一般的なカウンセラーと同じように活躍する場が増えます。

カリスマ的な講師になることも！

経験を積むと、キャリアアドバイザーとしてステージ上で講義をしたり、グループワークの指導をしたりすることも。就職支援センターでマンツーマンの指導を専門的に行う人もいますが、やる気と努力次第で、本を執筆したり、講演会を開催することもできます。

キャリアカウンセラーなのに貧乏暮らし？

ハローワークや公立学校などに勤務するキャリアカウンセラーは一年契約の非常勤職員である場合が多く、パートタイムとして勤務することもあります。過去には月収20万円未満のキャリアカウンセラーが7割を超えていた時代もありました。キャリアカウンセラー自身も不定期雇用者や個人事業主、パートとして働くケースがほとんどです。さらに、新しい情報を仕入れるために受けなくてはならない専門的な授業が高額なことから、キャリアカウンセラー自身がワーキングプアに陥ってしまうことも。独立する場合は、保険代理業などの各種業務の収入とあわせて生計を立てる道も考えましょう。

笑って暮らすも一生、泣いて暮らすも一生。／ドイツの格言

ケアマネージャー（介護支援専門員）

未経験OK

資格が必要

女性が多い

自宅でできる

再就職しやすい

- 介護の悩みを聞き、介護計画をサポート。
- たくさんの書類を計画的に処理する。
- 賃金は低めで多忙だが育児と両立しやすい。

▼

こんな人にピッタリ

ケアマネージャーは、介護に困ったときの相談窓口。保険・医療・福祉に関する幅広い知識があり、明るくポジティブで、人間関係に気配りができる人が求められています。

Q どんな仕事？

国から要介護認定を受けた人と、その家族からの相談に応じ、介護計画のアドバイスをする仕事。どんな介護が必要なのかを考え、適切なサービスが受けられるように自治体や介護施設などに連絡し、手続きの代行を行います。

Q 子育て中は？

夜勤や土日出勤がほとんどなく育児と両立しやすい職場環境で、多くの女性から人気を集めています。ただし給料は決して高くなく、普段の仕事に加えて介護福祉士のサポートをすることも。賃金は低めで多忙なのが現状です。

資格　介護支援専門員（公益財団法人社会福祉振興・試験センター）
社会福祉士（国家資格）

お仕事データ

勤務場所：特別養護老人ホーム、介護老人保健施設、在宅介護支援センターなど
勤務時間：1日8時間程度
休日：土日祝日
勤務形態：正社員など
給料：月収16万円程度から

この本を読んでみて！
『スクラップ・アンド・ビルド』
羽田圭介／文藝春秋

ケアマネージャー（介護支援専門員）

国家資格がない場合でも、
10年以上の実務経験があれば
介護支援専門員実務研修受講試験
を受験することができます。
合格後は、32時間以上の
研修を受けてから資格を取得します。

どうやったらなれるの？

高校、専門学校、大学などを卒業

↓

介護福祉士などの国家資格を取得し
実務経験（5年間）を積む

↓

介護支援専門員実務研修受講試験に
合格

↓

ケアマネージャーに！

同じ境遇の子育てママ社員が多く、子どもの急な発熱時にも理解を得やすいケースが多い環境です。職場の同僚がサポートしてくれるのも働きやすい理由の一つ。

夕映えが美しいように老人の場所から見た世界は美しいのです。／伊藤整

ホームヘルパー（訪問介護員）

- 家事は何でもお任せ！ 介護と家事のプロ。
- 高齢者や障害者との信頼関係が大切。
- 夜勤がなく家事や育児と両立しやすい！

未経験OK

資格が必要

女性が多い

自宅でできる

再就職しやすい

こんな人にピッタリ

世話好きで、責任感のある人に向いている仕事です。買い物を代行する際には、金銭を預かることもあるため、ホームヘルパーの利用者との信頼関係をコツコツ築ける人が求められています。

Q どんな仕事？

高齢者や心身障害者の自宅を定期的に訪問して、日々の生活を助ける仕事。掃除や洗濯、買い物など家事中心のホームヘルパーと、食事の世話や入浴・洗髪・排泄の介助をする介護中心のホームヘルパーがいます。

Q 子育て中は？

夜勤がないため、家事や育児との両立がしやすい仕事です。家事の介助をする場合は、主婦の経験を仕事にいかすことも可能！ しかし自宅と合わせて2軒分以上の家事を行い、さらに介助もするため体力を使いすぎて疲れてしまうことも。

資格 特になし

お仕事データ

勤務場所：福祉施設、訪問介護の事業所など

勤務時間：不規則

休日：不定期

勤務形態：正社員、パート

給料：月収15万円程度から

この本を読んでみて！

『0.5ミリ』

安藤桃子／幻冬舎

資格は必要ありませんが、講座を受講している人が大半です。受講期間は3〜6か月、受講費用は7万〜10万円が一般的です。時間と費用、やる気さえあれば、比較的取得しやすい資格です。

どうやったらなれるの？

高校、専門学校、大学などを卒業

↓

ホームヘルパー養成講座を受講

↓

福祉施設、訪問介護の事業所などに就職

↓

ホームヘルパーに！

家事の腕がいきる！主婦に有利な仕事

ホームヘルパーは、圧倒的に女性が多い仕事です。炊事、洗濯、掃除など家事の介助は、主婦経験のある女性が得意な仕事。夜勤がないため、家事や育児との両立がしやすいのも魅力の一つです。また、トイレ介助なども、女性の利用者は同性のホームヘルパーに依頼することが多く、必然的に女性のほうがニーズが高くなります。入浴など、力仕事は男性ヘルパーの力が必要ですが、今後も女性ヘルパーの需要は高まり続けていくでしょう。

本当の家族のように高齢者をサポート

ホームヘルパーにとって大切なのは、高齢者や心身障害者、またその家族の立場に立つこと。相手の気持ちを読み取り、どこまで助ければいいのか、体が不自由でもできることは何かを考えながら仕事を進めます。そのため、子育てや親の介護を通して家族に寄り添った経験のある中高年の主婦が多く活躍しています。また、自分の親の介護を見据えて資格を取得し、ホームヘルパーとして働き始める女性もいます。

心身ともに疲弊……。退職者も多数

実は、退職者が多いのもホームヘルパーの特徴。一つ目の理由は、体力的な問題です。二つ目の理由は、人間関係。訪問先の利用者や、その家族と馬が合わない、ということがままあるのです。障害者や高齢者の気持ちを全て理解するのは難しいもの。介助の仕方で意見が食い違ったり、文句を言われたり、というケースも多々あります。精神的にも体力的にもタフでなければ、続けるのは難しいかもしれません。

ともに喜べば、喜びは2倍に。ともに悲しめば苦しみは半分に。／ドイツのことわざ

介護福祉士

- 高齢者や心身障害者を助ける仕事。
- 風邪をうつさないよう体調管理は万全に!
- 夜勤があり家事や子育てとの両立は困難。

▼

こんな人にピッタリ

仕事と割り切っても、人対人の仕事はストレスがたまりやすいもの。他人を受け入れる気持ちがあり、気配りや配慮ができる明るい人に向いている仕事です。

未経験OK

資格が必要

女性が多い

自宅でできる

再就職しやすい

Q どんな仕事?

お年寄りや心身障害者の介護をする仕事です。福祉施設や、介護サービスの利用者の自宅で食事や入浴、トイレの介助をします。超高齢社会を迎えましたがまだまだ介護福祉士は足りないため、この資格を取っておけば就職に有利です。

Q 子育て中は?

介護福祉士には夜勤があり、家事や育児との両立は厳しいのが現実です。将来的にはケアマネージャーや社会福祉士になるなど、介護福祉士の経験をいかしたステップアップを考えるのも一つの道です。

資格　介護福祉士(国家資格) MUST!

お仕事データ

勤務場所:介護老人ホーム、障害者福祉施設など

勤務時間:1日8時間程度(交代で夜勤あり)

休日:週1～2日

勤務形態:正社員、契約社員、派遣社員など

給料:月収15万円程度から

この本を読んでみて!

『みんなが欲しかった! 介護福祉士の教科書』

TAC介護福祉士受験対策研究会/TAC出版

介護福祉士

どうやったらなれるの?

福祉専門学校、
大学の福祉学部などを卒業

↓

介護福祉士国家試験に合格

↓

老人ホーム、障害者福祉施設
などに就職

↓

介護福祉士に!

特定の学校を卒業していなくても、福祉施設などで3年以上働けば試験を受ける資格を得ることができます。国家試験のなかでも合格率が高く、独学でも取得しやすいと言われています。

いったん退職もあり!? 復職しやすい仕事

介護の必要な人が増えている今、新しく、できたばかりの事業所が多く存在します。なかには「前例がない」「人数が少なくてカバーしきれない」という理由で、産休や育休をとろうとする社員に理解の足りない職場も……。しかし、そんなときは思いきって退職するのも一つの手段です。育児や家事の腕は、介護の現場で役に立つものばかり。また介護の現場は常に人員不足なので復職しやすく、実際に復職した女性も多数働いています。介護福祉士は、離職がプラスに働くこともある珍しい仕事です。

夜勤は人手不足で大変! 体調を崩すことも

週に何度か、深夜に介護をする夜勤があります。しかし人員は少なく100人近い利用者を、たった数人で介護する、という施設もあります。自分の生活リズムの維持も困難で、育児や家事との両立も難しいのが現状です。しかし、それでも「高齢者や障害者の力になりたい」と思える人が、介護福祉士として昼夜を問わず働き続けています。勉強をする前に、まずは現場をよく知り、覚悟を決めることが大切です。

体を酷使する体力勝負の現場

介護福祉士は他の福祉関連の職業と違い、とにかく体力がいる仕事。基本的には食事や風呂、トイレなどの補助をします。時にはお年寄りを抱きかかえたり、車いすを押したり、大量のシーツを持ったりすることも。丈夫な体と十分な体力が求められています。

わたしは嵐を恐れない。航海の仕方を学んでいるから。／ルイーザ・メイ・オルコット

COLUMN 5

もしも不採用通知を受け取ったら

就職先が全然決まらない。私はダメ人間かもしれない……。そう感じたときは、「就活が全てじゃない」と考え方を変えてみましょう。世の中には、就職せずに海外でバックパッカーをした人もいます。フリーランスで活躍している人もいます。専門学校に入りなおして高校・大学時代とは全く別の仕事を目指した人もいます。

私は就職活動で50社に履歴書を送り、49社、立て続けに落ちました。毎日何通もの不採用通知を受け取ったときはさすがに落ち込みましたが、数年後、その経験をいかして就職活動に役立つ本を書こうという気持ちになりました。もしかしたら49社の人事担当者が「あなたは会社勤めよりもフリーランスが向いているよ」というメッセージを遠回しに送ってくれていたのかもしれません。苦労もありましたが、今は心から仕事を楽しんでいます。

大切なのは、内定をもらうことではありません。**自分がどんな人生を選んで生きていくか**、ということです。周りの人に評価されなくても、夢がかなっていなくても、小さいときのあなたがタイムスリップして未来のあなたを見たとき、「私、かっこいい大人になってる!」と思えたらそれで十分だと私は思います。

そのためにも、不採用通知を受け取ったあと、少し休んで気持ちが晴れたら、何か一つ行動を起こしてみましょう。インターネットで情報を調べるだけでも、家から一歩出てみるだけでも構いません。自分でやってみることが大事です。落ち込んだり、怖くなったりしたら、ちょっと変わった人生を歩んでいる人を思い浮かべてみてください。身近にいたら、話を聞いてみるのもいいかもしれませんね。学校では教わらない、おもしろい生き方をしている人は世の中にたくさんいますよ。

なかなか就職先が決まらなくても、才能がないと言われても、人生が上手くいかなくても大丈夫です。不採用通知を受け取ったことのない人が味わわなかった苦しみや悔しさを、あなたは知っているはず。その経験は、あなたの気づかないところであなたを強くしています。

COLUMN 6

一般職を選んで二つの夢を同時にかなえた女性の話

「夢をかなえる」と聞いたとき、あなたはどんなプロセスをイメージしますか？ ある日突然、運よくかなう？ それとも、自分だけの力でとことん努力する？ どちらかというと、後者のイメージを持つ人が多いのではないでしょうか。でも、夢をかなえた人たちにインタビューをしてみると、実は意外な方法で夢をかなえた人もいるんですよ。

例えば、「海外に住みたい」という夢を抱いていたTさん。国際色豊かな大学に通ううちに、海外生活を夢見るようになったそうです。海外に住むというと、外資系企業に入社する、海外支店への異動希望を出す、ワーキングホリデーという制度を使って海外生活を送りながら滞在費を稼ぐなど、さまざまな方法があります。自分の力でかなえようとすると、ちょっと高めのハードルを飛び越えなくてはなりません。

Tさんは就職活動中、将来のことを考えて保守的な思考になり、「女性が長く働けるかどうか」を重視するようになりました。海外生活への憧れは脇に置いて、大手企業の一般職（総合職をサポートする事務職など）を希望していたのです。けれど選考が進むうちに、あることに気が付きました。

「海外赴任する人と社内結婚したら、海外に住める！」

Tさんが受けていた大手メーカーには海外拠点があり、さらに海外赴任する夫に付いて行った妻は一時的に休職し、帰国後に復帰できる制度があったのです。自分の夢を思い出したTさんは今まで以上に就職活動に気合いを入れ、無事大手メーカーの内定を勝ち取りました。そして社内恋愛のすえ結婚。一般職の社員として楽しく働きながら、夫とともに海外生活の計画を立てています。

この話を通して伝えたいのは、いろんな生き方を知っておくことの大切さです。Tさんは就職活動で新たな夢のかなえ方を知ったからこそ、二つの夢を同時に追いかけられるようになりました。就職・転職活動中の皆さん、職業だけでなく人の「生き方」にも注目してみてください。もしかしたらあなたの夢も、意外な方法でかなうかもしれませんよ。

6

地元や人の役に立つのが好き！

お母さんが子どもを守るように、
地域の人や身近なお客様を支える仕事。
本当の意味での「人の役に立つ」とは、
案外目立たないことなのかもしれません。

医療

- 看護師→p194
- 診療放射線技師→p196
- 理学療法士・作業療法士→p198
- 臨床心理士→p200
- 視能訓練士→p202
- 医療情報管理士
- 医療秘書

etc.

- 医師→p192

法律・金融

- 弁護士→p204
- 司法書士・行政書士→p206
- 検察官
- 税理士→p208
- 会計士
- 社会保険労務士→p210
- 銀行預金テラー→p214
- 保険営業員
- 証券アナリスト　etc.

- 弁理士→p212

地域密着

- 警察官→p216
- 消防士
- 地方公務員→p218
- 国家公務員
- 不動産営業スタッフ→p222
- 不動産鑑定士
- 宅地建物取引主任者　etc.

- 郵便局員→p220

医師

- 患者さんの容態を見て治療をする仕事。
- 妊娠を機に退職する人が多い。
- 働きやすい環境に改善する病院が増加中。

こんな人に
ピッタリ

医者の最初の仕事は、患者さんから容態や病状を聞き出すこと。老若男女問わず「いつから・どの部位に・どんな違和感があるのか」を聞き出すコミュニケーション能力が必要です。

未経験OK　**資格が必要**　女性が多い　自宅でできる　再就職しやすい

Q どんな仕事？

患者さんの体を直接調べる「臨床医」と、新しい治療方法を研究する「研究医」がいます。どちらも人の命に関わる分、肉体的にも精神的にも非常に負担が大きく、毎日12時間以上働いて帰宅後も勉強する過酷な環境です。

Q 子育て中は？

多くの女性医師が妊娠を機に退職しています。しかし全国の病院で職場環境の改善が進行中！時短勤務で給料が減る場合もありますが、医療技術を現場でいかし続けられる職場は満足度が高く、働き続ける女性医師が少しずつ増えています。

資格　医師（国家資格）MUST!

お仕事データ

勤務場所：病院など
勤務時間：1日8時間程度（交代制）
休日：週1～2日
勤務形態：勤務医、開業医など
給料：月収30万円程度から

この本を読んでみて！
『神様のカルテ』
夏川草介／小学館

医師

どうやったらなれるの？

大学の医学部、医科大学を卒業

↓

医師国家試験に合格

↓

病院で2年以上研修医として働く

↓

医師に！

国家試験は難関ですが、大学で
勉強した内容が出題されるため
80%の人が合格します。
なお医学部を卒業していなければ、
国家試験を受験することは
できません。

働きやすい職場を目指し医療現場改善が進行中！

医師は、女性が少ないと言われている職種。でも近年、女性医師の職場環境を改善しようとする取り組みが一部の病院で始まっています。先導しているのは、各都道府県の医師会や、病院内の女性の活躍推進チーム。将来は女医が医師全体の3〜4割を占めるとも言われており、院内に保育施設を作ったり、病児保育に対応したりと、さまざまな方法で働きやすい環境づくりが進められています。

知識不足で患者さんの回復が遅れることも

育児中の医師は勤務時間後に子どもを保育施設に迎えに行き、帰宅後は家事をするため、日々進歩する医療技術を学ぶ時間がなかなかとれません。しかし最近は勤務時間後に子連れで参加できる勉強会を開くなど、新しい取り組みが始まっています。

産後8週間で職場復帰。授乳と仕事で不眠不休に

女性医師の退職理由の一つに、短期間で復帰しなければいけない、という問題があります。例えば、生まれつき心臓に病気のある「先天性心疾患」など専門性の高い領域の場合、現場感覚を失わないように産後8週間で復帰することも。職人技のように細かい作業をする手術は、経験を積んで身につけた指先の感覚が頼りです。長期間の産休・育休をとると、その感覚が薄れて、手術ができなくなってしまうことも。短期間で復帰したとしても、帰宅後の授乳や夜泣きの世話によって、不眠不休になり、自身が体調を崩してしまうこともあります。

生きているだけで楽しいってことを、私は忘れたことがないの。
／キャサリン・ヘップバーン

看護師

○医師の診察や治療をサポートする仕事。
○入院患者のいる病院では夜勤もあり。
○全国どこでも転職・再就職しやすい。

未経験OK
資格が必要
女性が多い
自宅でできる
再就職しやすい

こんな人にピッタリ

看護師に年齢制限はありません。なかには50代で看護系の学校に入学し、70歳以降も働いている人もいます。心身が丈夫で医療現場での緊急時も冷静な判断ができる人に向いている仕事です。

Q どんな仕事?

医師から指示を受けて、診察や治療のサポートをします。注射や点滴、手術の準備、食事や入浴の手伝いだけでなく、入院中の精神的なケアなど患者さんとのコミュニケーションも大切な仕事です。

Q 子育て中は?

結婚、出産後も復職しやすく、活躍する女性の多い職場ですが、夜勤など変則的な勤務スケジュールもあり、心身ともに元気で丈夫でなくては務まりません。また、日々医療は進化しているため、常に勉強を心がける姿勢が大切です。

資格　看護師(国家資格) MUST!

お仕事データ

勤務場所：病院、医院、診療所、福祉施設、リハビリセンター、在宅・訪問診療、介護センター、保健所など
勤務時間：1日8時間程度(交代制)
休日：週1〜2日
勤務形態：正社員、契約社員、非常勤など
給料：月収20万円程度から

この本を読んでみて!
『看護師が流した涙』
岡田久美／アドレナライズ

看護師は全国で必要とされており、資格さえ取れれば就職先に困ることはありません。「ナースバンク」もあるので、引っ越しなどでいったん退職したとしても、全国各地で再就職が可能です。

どうやったらなれるの?

看護師学校、専門学校、大学などの看護師養成機関を卒業

↓

看護師国家試験に合格

↓

病院、診療所、福祉施設などに就職

↓

看護師に!

1週間のスケジュール例

月曜日	8:30〜17:00まで日勤
火曜日	16:30から夜勤
水曜日	9:30に勤務終了
木曜日	休み
金曜日	8:30〜17:00まで日勤
土曜日	休み
日曜日	16:30から夜勤

入院患者を受け入れている病院の場合は夜勤もあり、
幼い子どもがいても深夜に家を空けなければならない可能性があります。
身近に預かってくれる人や保育施設があるかどうか、事前に確認しておきましょう。
最近は、院内に24時間対応の保育施設を設置している病院もあります。

人の苦しみをやわらげてあげられる限り、生きている意味はある。
／ヘレン・ケラー

診療放射線技師

- ○放射線を使った検査や治療を担当！
- ○24時間体制の病院でも夜勤はほとんどない。
- ○土日出勤が少なく家庭と両立しやすい。

こんな人にピッタリ

最近はコンピュータが内蔵された医療機器が多く、操作法もより複雑で高度になっています。新しい技術や医療機器にすぐに対応できる適応力や向学心も必要です。

Q どんな仕事？

「レントゲン」など、放射線を使った機械を使用し、医療施設で検査や治療をする仕事。体の中を輪切りにした画像を写す「CT検査」、さまざまな方向から見た体の中を写す「MRI検査」など、多種多様な検査を担当します。

Q 子育て中は？

夜勤や土日出勤が少なく医療系のなかでは家事や育児との両立がしやすい職種ですが、勉強熱心でなければ長く続けることはできません。扱い方によっては人体に悪い影響を及ぼすため、専門的な知識と確かな技術が不可欠です。

資格 診療放射線技師（国家資格）MUST!
・検診マンモグラフィ撮影診療放射線技師（NPO法人日本乳がん検診精度管理中央機構）・医療情報技師（一般社団法人日本医療情報学会）など

お仕事データ

勤務場所：病院、診療所、検査センターなど
勤務時間：1日8時間程度
休日：日祝日と平日に1日
勤務形態：正社員、契約社員
給料：月収18万円程度から

この本を読んでみて！
『ラジエーションハウス』
モリタイシ・横幕智裕／集英社

未経験OK
資格が必要
女性が多い
自宅でできる
再就職しやすい

診療放射線技師

診療放射線技師の資格は
医師に比較すれば難易度が低いと
言われています。文部科学大臣
または厚生労働大臣指定の大学・
専修学校などで学ばなければ
診療放射線技師にはなれません。

どうやったらなれるの?

専門学校、大学などの
放射線学科を卒業

↓

診療放射線技師国家試験に合格

↓

診療放射線技師に!

技師が必ず経験するのが、新機材の導入。今まで使っていた機器と同じ角度から診断できるよう調整するのに何週間もかかり、さらに自宅で勉強するよう指示されることも。

幸福の鍵は健康と健忘ね。/イングリッド・バーグマン

理学療法士・作業療法士

未経験OK

資格が必要

女性が多い

自宅でできる

再就職しやすい

- ○ 病院などで患者さんのリハビリを担当。
- ○ 基本的に夜勤や残業はなし。
- ○ 出産・育児で退職しても再就職しやすい。

こんな人にピッタリ

患者さんの症状や精神状態は人それぞれ異なります。自分自身が心身ともに健康で体力があるだけでなく、相手のことを第一に考えられる人に向いている仕事です。

Q どんな仕事？

理学療法士はマッサージなどで機能回復を行う運動療法や、電気・温熱・光線など物理的な働きを利用する物理療法を行う仕事。作業療法士は手芸や農作業、動物との触れ合いなどを通して、心身に障害のある人の回復を手助けする仕事です。

Q 子育て中は？

リハビリ専門の病院が増え、どちらも超高齢社会に向けてニーズが高まっています。業務内容が特殊なため育児などでいったん退職しても再就職しやすいですが、他業種への転職は難しいでしょう。夜勤も残業もない病院がほとんどです。

資格　理学療法士（国家試験）MUST!
作業療法士（国家試験）MUST!

お仕事データ

勤務場所：病院、福祉施設、介護保険施設（デイサービスや訪問先でのリハビリ）など
勤務時間：1日8時間程度
休日：病院によって異なる
勤務形態：正社員、契約社員、公務員
給料：月収18万円程度から

この本を読んでみて！
『オレンジデイズ』
北川悦吏子／KADOKAWA

専門学校や大学での予習・復習・テスト勉強は想像以上に大変。医学の進歩によって体の機能回復が期待できるようになり、リハビリを必要とする患者が増えたため、就職率はほぼ100%です。

どうやったらなれるの？

理学療法士・作業療法士養成施設のある専門学校、大学などを卒業

↓

理学療法士・作業療法士の試験に合格

↓

病院、福祉施設、介護保険施設などに就職

↓

理学療法士・作業療法士に！

経験があれば再就職も転職もしやすい！

理学療法士、作業療法士ともに社会的需要があり、資格や経験が重視される仕事です。そのため、結婚や出産を機に退職しても再就職しやすく、比較的簡単に勤務形態の良い他の病院や福祉施設へ転職できるケースも。ただし仕事内容が特殊なため、他業種（一般企業など）でキャリアがいかせる場は少ないようです。また、就職して1～2年で長い産休に入ると、経験が浅いと判断され再就職が困難になることもあります。

自分の経験が患者さんのサポートにつながる！

患者さんのなかには、出産時に脳梗塞などを起こし若くしてリハビリが必要になる女性も。そんな患者さんを担当する療法士自身にも出産や育児の経験があれば、どんな悩みを抱えているのか、どんなプログラムが必要か、考える際に視点が変わります。自分の人生の経験値が上がっていくたびに対応できることが増えていくのがこの仕事のいいところ。全てが日常生活に直結する仕事なので、歳を重ねるほど気づくことも増え、仕事内容が充実していきます。

体力勝負の職場！ 産休は早めに取得

理学療法士の場合、仕事中の運動量が多く、妊娠中に負荷がかかってしまうことも。一般的に「産休は出産の1か月前から」と設定している企業が多数を占めますが、この職業では負荷がかかりすぎないよう産休を早めにとる人も多くいます。けれどそれは、福利厚生が整った大病院の話。個人経営の小さな施設は人員も少なく、一人抜けると他の人の仕事量が一気に増えてしまいます。信頼できる上司に、早めに相談しましょう。

人生とは思い切った冒険、さもなくば無意味。／ヘレン・ケラー

臨床心理士

- 心の悩みを持つ人を心理学を使ってケア。
- 家庭と両立しやすく7割が女性。
- 患者さんの引き継ぎが難しく妊娠しづらい。

こんな人にピッタリ

臨床心理士は、時に深刻な相談を持ちかけられることがあります。しかし感情移入は禁物。相談がどんな内容であっても、動揺せず冷静に判断できる人に向いている仕事です。

未経験OK
資格が必要
女性が多い
自宅でできる
再就職しやすい

Q どんな仕事？

心の悩みが原因で、生活上の問題を引き起こしてしまった人たちを心理学的な方法でケアする専門職です。仕事場は病院だけでなく、家庭裁判所や児童相談所、少年院、刑務所などの司法施設、福祉施設、一般企業、学校などさまざま。

Q 子育て中は？

地域の個人医院や学校のように診察時間が限られている場合は家事や育児との両立がしやすく、現在は7割を女性が占めています。しかし心の病を抱える患者さんを別の臨床心理士に引き継ぐのは難しく、妊娠しづらい環境とも言えます。

資格　臨床心理士（日本臨床心理士資格認定協会）MUST!

お仕事データ

勤務場所：病院（心療内科や精神科など）、福祉施設、学校、司法施設、一般企業など
勤務時間：1日8時間程度
休日：週2日程
勤務形態：正社員、契約社員、フリー
給料：月収15万円程度から

この本を読んでみて！
『面白いほどよくわかる！臨床心理学』
下山晴彦／西東社

臨床心理士

非常勤の仕事はありますが、
常勤は募集が少なく就職は困難。
5年ごとに資格の更新審査があり、
資格取得後も常にレベルアップが
求められています。

どうやったらなれるの?

日本臨床心理士資格認定協会が指定する大学院を卒業

↓

臨床心理士資格審査を受けて合格

↓

病院、福祉施設などに就職

↓

臨床心理士に!

(第二種指定大学院を卒業した場合は、
1年以上の実務経験が必要)

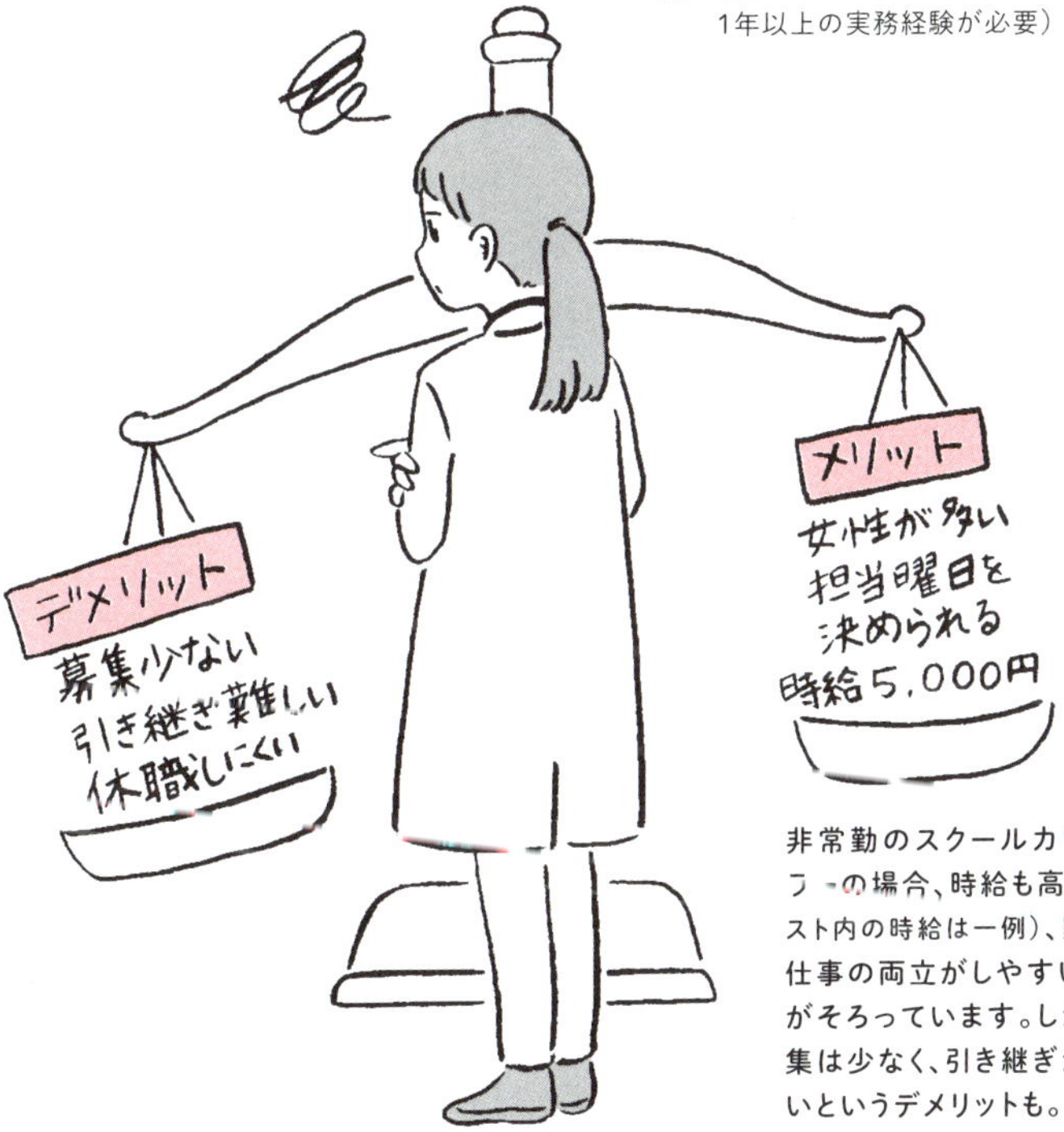

非常勤のスクールカウンセラーの場合、時給も高く(イラスト内の時給は一例)、家庭と仕事の両立がしやすい条件がそろっています。しかし募集は少なく、引き継ぎが難しいというデメリットも。

美しさは見る人の目の中にある。/マーガレット・ウルフ・ハンガーフォード

視能訓練士

- 目の検査や視力回復のサポートをする仕事。
- 医療系資格のなかでは比較的合格率が高め。
- 一度でも経験があれば再就職しやすい。

こんな人にピッタリ

長期的なリハビリの場合、患者さんを励ましながら日々訓練を行わなくてはなりません。そのため忍耐強く、目標に向かって地道にコツコツと仕事ができる人に向いています。

未経験OK

資格が必要

女性が多い

自宅でできる

再就職しやすい

Q どんな仕事？

眼科医と相談しながら視力が下がった人の目を検査し、回復のためのアドバイスや、リハビリの指導をする仕事です。最も多いのは視力検査。簡単なテストをして視力を計測し、回復が難しいときは眼鏡などの着用を勧めます。

Q 子育て中は？

視能訓練士は資格を取得しやすいため、出産後にチャレンジする人も。高齢化が進み視覚障害を持つ人が増加している一方、視能訓練士の数は不足気味。現在女性が9割ですが、今後さらに女性が活躍できる仕事として注目されています。

資格 視能訓練士（国家資格） MUST!

お仕事データ

勤務場所：病院（眼科）
勤務時間：1日8時間程度
休日：日祝日と平日に1日
勤務形態：正社員、契約社員など
給料：月収18万円程度から

この本を読んでみて！
『眼科検査Note』
加藤浩晃／メディカ出版

視能訓練士

国家資格を受験するには、
専門学校などの養成施設で学ぶか、
視能訓練士養成課程のある
4年制大学に進学します。
一部の専門学校には働きながら
通える夜間部もあります。

どうやったらなれるの?

高校、専門学校、大学などを卒業
↓
視能訓練士養成所を卒業
↓
視能訓練士国家試験に合格
↓
視能訓練士に!

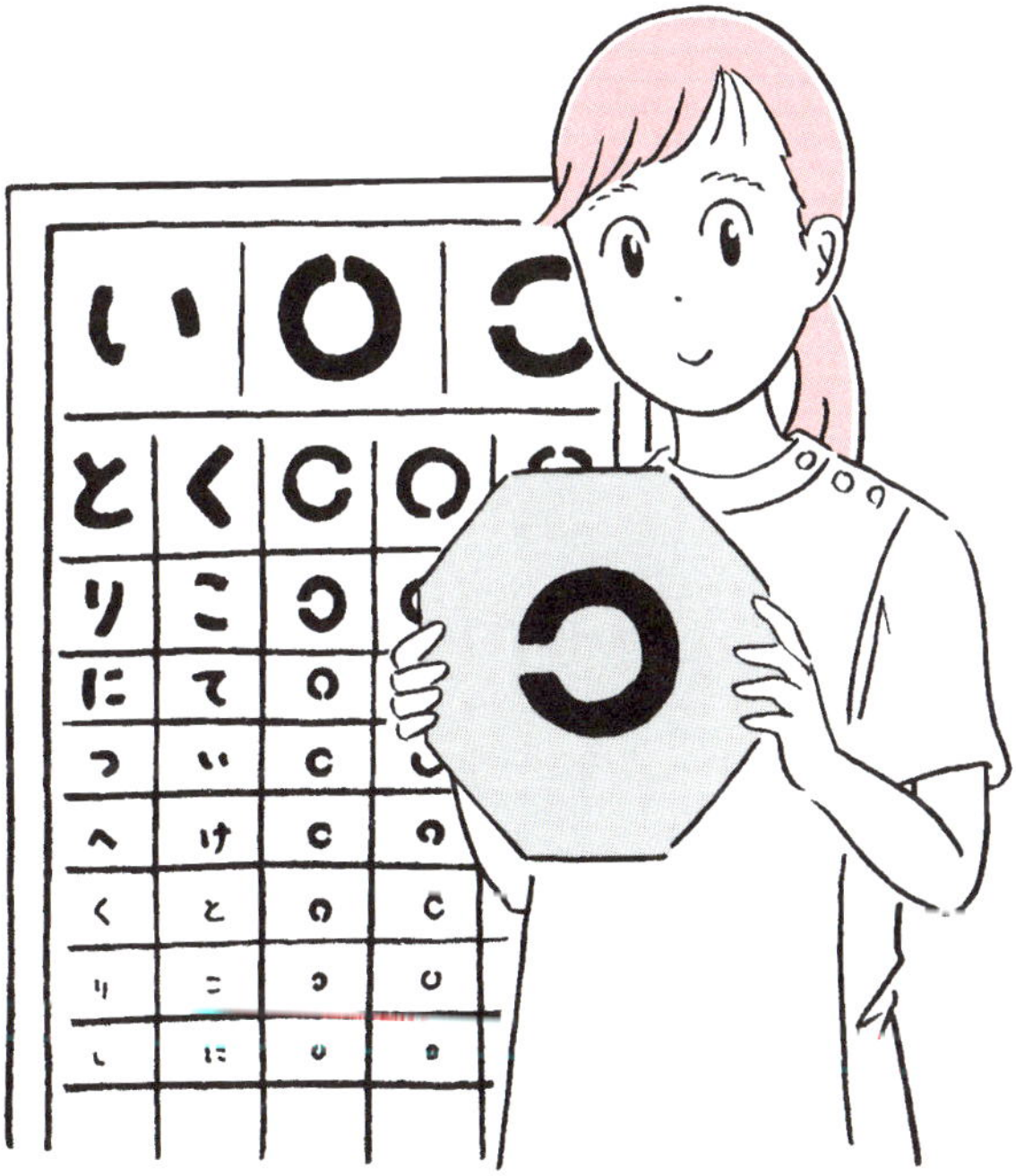

産休や育休でスタッフが休職する際は、急募があります。休職中のみの採用なので短期間かもしれませんが、一度現場で働けば、次の職場を見つけやすくなります。

もしあなたが泣いたことがないのなら、あなたの目は美しいはずがない。
／ソフィア・ローレン

弁護士

- ○依頼にもとづき問題解決をする法律の専門家。
- ○独立するならお客様が離れない工夫を。
- ○徹夜のないよう自分でスケジュールを管理。

▼

こんな人にピッタリ

調査力、交渉力、説得力、時には忍耐力も必要な仕事です。それぞれのケースに応じた柔軟な発想や、物事を客観的に見られる広い視野、マナーなども大切。自ら積極的に動く主体性も求められます。

未経験OK
資格が必要
女性が多い
自宅でできる
再就職しやすい

Q どんな仕事？

法律をもとにトラブルを解決する仕事です。テレビドラマや小説では刑事事件に携わる弁護士が脚光を浴びていますが、大多数の弁護士はお金や離婚などのトラブルを解決する民事事件を中心に活躍しています。

Q 子育て中は？

弁護士資格は失効しないため、子育て中は休業し子どもが成長してから復帰する人もいます。独立すれば高収入が狙えますが、自分で仕事量を調節して無理のない範囲で働けるよう事前に計画を立て、お客様が離れないよう対策が必要です。

| 資格 | 弁護士（国家資格）MUST!

| お仕事データ |

勤務場所：弁護士事務所、裁判所など
勤務時間：1日12時間程度。残業も多い
休日：週1日程度
勤務形態：正社員、フリーなど
給料：月収25万円程度から

この本を読んでみて！
『そこをなんとか』
麻生みこと／白泉社

司法試験を受験するためには、
原則として法科大学院を卒業、
または司法試験予備試験に合格
しなくてはなりません。大学院には
それぞれ特色があるため、まずは
自分に合った大学院を見つける
ことが重要です。

どうやったらなれるの？

大学の法学部を卒業
↓
法科大学院を卒業し
司法試験に合格
↓
司法研究所で1年間研修を受け
卒業試験に合格
↓
弁護士に！

民事と刑事の違い

	民事裁判	刑事裁判
内容	個人間や家族間、行政とのさまざまなトラブルを審理する	犯罪を犯した人に対し、有罪・無罪や刑罰を決めるため審理する
事件の例	離婚、相続、不当解雇など	窃盗、傷害、痴漢など
当事者	個人・法人	検察官・被告人
真実の証明	当事者が納得できる真実があればOK	客観的な事実が求められるため証拠集めが難しい
和解	あり	なし

弁護士にはそれぞれ得意とする分野があります。一般的には民事裁判をメインとする弁護士が多く、刑事裁判に携わる機会は比較的少ないと言われています。
どちらも事件に関連する資料を片っ端から読み込み、裁判官にとってわかりやすいよう書類にまとめます。企業を弁護する際には証拠となる資料が段ボール数箱分に及ぶときもあり、徹夜で書類作りに励みます。

自分自身に負けない限り、それは敗北ではないのです。／エレノア・ルーズベルト

司法書士・行政書士

- 地域住民や企業を助ける街の法律家。
- 司法書士は桐、行政書士は秋桜のバッジ。
- お客様第一。家族との時間が減ることも。

こんな人にピッタリ

戸籍や履歴など、個人のプライバシーに関わる情報を取り扱うことの多い仕事です。依頼者が安心して自分の情報を任せられる誠実さと、幅広い対応力が必要です。

未経験OK　**資格が必要**　女性が多い　**自宅でできる**　再就職しやすい

Q どんな仕事？

難解な法律をわかりやすく説明し、最善の対処法を導き出す「街の法律家」です。司法書士は裁判所関連の書類に詳しく、行政書士は自動車登録から在留資格手続きまで幅広く対応します。担当する案件によってさまざまな経験や出会いがあります。

Q 子育て中は？

結婚退職せず、働き続けている女性が多い職業です。ただしどちらもサービス業の一種でお客様の都合に合わせて動くため、平日の深夜や土日まで仕事が発生してしまうことも。育児中は家族や保育施設のサポートが必要不可欠です。

資格　司法書士（国家試験）MUST!
行政書士（国家試験）MUST!

お仕事データ

勤務場所：司法書士事務所、行政書士事務所、自宅で開業
勤務時間：1日8時間程度。残業をすることも多い
休日：土日祝日。休日出勤も多い
勤務形態：正社員として勤めた後、独立する人が多い
給料：月収22万円程度から。フリーなら数十万円にも

この本を読んでみて！
『カバチタレ！』
東風孝広・青木雄二・田島隆／講談社

司法書士は合格者のほとんどが社会人。行政書士も半数以上の合格者が社会人です。独学ではなく、専門学校の「在宅で学べるコース」や「働きながら学べる夜間コース」がおすすめです。

どうやったらなれるの？

高校、専門学校、大学などを卒業
↓
独学or専門学校に通う。事務所で働きながら勉強する
↓
司法書士、行政書士試験に合格
↓
司法書士、行政書士事務所に就職 → 司法書士・行政書士に！

業界や国境を越えて仕事をする楽しさ

会社設立であれば会社法、在留資格の手続きであれば出入国管理及び難民認定法、というように、分野ごとにさまざまな法律を学ばなければなりません。勉強は大変ですが、その分、日常生活では経験できない出会いがあります。輸入業やIT企業の社長、日本で起業する外国人、家庭裁判所で働く裁判官など、今まで出会ったことのないジャンルの人と仕事をすることができます。司法書士や行政書士の集まる交流会も開催されていて、そこで悩みを共有することも。会社勤務とは違い、自分のやり方次第で人の輪が広げられる仕事です。

行政書士が扱う書類の数は約1万種類！

行政書士に作成が認められている書類の数は約1万種類。全書類の作成方法を覚えるのは難しいため、得意分野を見極めて開業します。しかしそれでも仕事は幅広く、さまざまな知識や経験を求められます。また仕事が増えれば、同時進行で仕事を進めることが多く、進捗管理も大変に。家族と過ごす時間も減ってしまいます。お客様の夢をお手伝いしたり困った人を支えたりとやりがいのある仕事ですが、プライベートタイムもしっかりと確保しなければ仕事三昧になってしまいます。

競争の激しい世界。副業する人も

東京都では独立して自宅で開業している司法書士・行政書士が約8割を占めています。そのため独立後は差別化(知識、営業、仕事のスピード・結果など)をはからなければ生き残ることはできないと言われています。廃業しないよう、アルバイトなどの副業で生活費を稼いでいる人もいます。

本当に正しいことのために戦ったのなら、負けても恥じることはない。
／キャサリン・アン・ポーター

税理士

- 確定申告など難しい納税業務をサポート。
- 自宅で仕事ができるため両立しやすい。
- 何歳でも再就職できる珍しい仕事。

▼

こんな人に
ピッタリ

税理士の仕事には、税についての専門的な知識と理解が必要とされます。法律や判例は常に変化するため、就職後も自分から進んで勉強を続けられる人に向いています。

未経験OK

資格が必要

女性が多い

自宅でできる

再就職しやすい

Q どんな仕事？

会社や個人事業主の納税業務のサポートをする仕事。税金にはさまざまな種類があり、仕組みも複雑です。脱税にならないよう税理士が書類作りを手伝い、時には経営に関するアドバイスもします。税金や経営に関する幅広い知識が必要です。

Q 子育て中は？

女性にとっては続けやすい仕事と言われています。出産や育児で退職しても、資格と経験さえあれば全国各地で再就職が可能。ブランクが空いた分の勉強は必要になりますが、年齢に関係なく募集がある貴重な仕事です。

資格 税理士（国家資格） MUST!
米国税理士（米国の国家資格）

お仕事データ

勤務場所：税理士・会計事務所、クライアントの会社、税務署など
勤務時間：1日8時間くらい。残業も多い
休日：土日祝日
勤務形態：会計事務所の正社員、フリー
給料：月収20万円程度から

この本を読んでみて！
『税理士の「お仕事」と「正体」がよ～くわかる本』
大野晃／秀和システム

税理士試験は、11科目中5科目合格でパスすることができます。なかには何年もかけて資格を取得する人も。ただし受験後2年以上の実務が必要です。妊娠・出産のタイミングには気をつけましょう。

どうやったらなれるの?

専門学校、大学などを卒業

↓

税理士試験に合格

↓

税理士事務所などで2年以上働く

↓

税理士会に登録して、税理士に!

似ているようで違う3つの職業

	税理士	社会保険労務士	公認会計士
お客様	中小企業・個人事業主	中小企業	大企業
業務内容	納税者に代わって税金に関する申告を行ったり、書類の作成を代行したりする。	労働に関する法律を参照しながら、安心して働けるよう職場の制度を整える。	企業が作成した財務に関する書類が適正かどうかを評価し、投資家や証券市場に対する信頼を確保する。
資格	税理士の資格のみの場合、税理士の仕事しかできない。	社会保険労務士の資格のみの場合、社会保険労務士の仕事しかできない。	公認会計士の資格を持っていれば税理士の仕事もできる。

税理士・社会保険労務士・公認会計士は複数の企業と契約を結び、書類作りに携わっています。そのため書類作成の時期が重なってしまうと、残業はもちろん、徹夜で作業をせざるを得ないことも。
多くの女性税理士・社会保険労務士・公認会計士は繁忙期に仕事が集中しすぎないよう、事前に準備を進めることで家事や育児と仕事を両立しているようです。

機会はすべての人に訪れるがそれをうまく利用する者は少ない。
／エドワード・ブルワー=リットン

社会保険労務士

- 企業と話し合い職場の制度を整える仕事。
- 難しい法律をわかりやすく説明！
- 家事や育児と両立しやすく女性に人気！

こんな人にピッタリ

社会保険労務士は給料の算出をするため、計算作業が付きものです。電卓を片手に、年齢や労働時間に合わせて計算します。丁寧に、慎重に、コツコツ作業を進められる努力型の人に向いています。

未経験OK

資格が必要

女性が多い

自宅でできる

再就職しやすい

Q どんな仕事？

中小企業と契約を結び、労働に関する法律を参照しながら、安心して働けるよう職場の制度を整える仕事です。法律は複雑なので、社会保険労務士が給料・労働時間・休暇などの労働条件を整備しています。

Q 子育て中は？

事務作業が多く体力を温存できるため家事や育児との両立がしやすく、女性に人気。また社会保険労務士として産休や育休の制度を企業内につくることもあり、自らが次の時代を担う若い女性の力になることができます。

資格 社会保険労務士（国家資格）MUST!

お仕事データ

勤務場所：取引先企業、事務所など
勤務時間：1日9時間程度
休日：日祝日
勤務形態：正社員、個人経営、フリーなど
給料：月収20万円程度から

この本を読んでみて！
『ダンダリン一〇一』
鈴木マサカズ・とんたにたかし／講談社

社会保険労務士

社会保険労務士は国家資格が必要な仕事。別の職業から転職する場合は、まず通信教育や予備校で勉強して試験に挑みましょう。合格率は毎年10%以下。3%を下回ることもある超難関です。

どうやったらなれるの？

社会保険労務士試験に合格

↓

実務経験2年以上or講習受講

↓

全国社会保険労務士会連合会の名簿に登録、
各都道府県の社会保険労務士会に入会

↓

社会保険労務士に！

子どものスケジュールに合わせて働ける！

企業勤めの場合は急な残業などで、保育施設へのお迎えすら行けない状況になることもあります。でもフリーランスの社会保険労務士は、いつどこで働くか、子どものスケジュールに合わせて決められます。そのため、結婚や子育てを機にいったん退職した女性が再就職を目指して資格取得に励むケースが多く、合格者の約3割を女性が占めています（2015年）。しかし、資格を取得してもすぐに取引先が見つかるわけではありません。ある程度事務所で経験を積んで人脈をつくる必要があります。家事や育児が忙しくなる前に資格を取得し、独立に向けて準備を進めておくのがオススメです。

試験は難関。でも合格すれば環境は◎

社会保険労務士の試験は非常に難関だと言われています。早くて1年、通常は2〜3年を試験勉強に費やすことが多いとか。強い意志を継続的に持ち続けなければ合格は遠いでしょう。しかし合格後は、子育ての合間にセミナーを開いたり、自宅で開業したりと自由度が高く働きやすい職業です。

2〜3年は薄給で働く覚悟を

社会保険労務士として独立すれば、勤務地や勤務時間は自由になります。しかし取引先が見つからなければ、2〜3年は生活に必要な給料を稼げない場合もあります。また資格を取得したら勉強が終わるわけではなく、社会保険を取り巻く法律が改正されるたびにチェックしなければなりません。給料を稼げないうえに勉強で時間がとられてしまうつらい時期が続き、心が折れそうになることも……。

暗いと不平を言うよりも、すすんで明かりを点けましょう。／『新約聖書』

弁理士

- ○特許や商標などの申請手続きを代行。
- ○他の申請家に先を越されないよう迅速に！
- ○事務所によって働きやすさが大きく異なる。

▼

こんな人にピッタリ

技術の世界は日進月歩、知的財産に関する法律も年々改定されています。勉強熱心で、好奇心旺盛、新しいことに興味がある人に向いています。また書類作成時には正確性が求められます。

Q どんな仕事？

発明家の代理で特許や商標などの申請手続きを行う仕事。主に法律関係の書類作成を担当します。大半は理系学部の出身者。どんなに難しい発明もきちんと理解しなくてはならないため、理系分野に見識のある弁理士が活躍しています。

Q 子育て中は？

女性弁理士はまだ1割程度ですが毎年少しずつ増え、出産後仕事を続けている人も出てきました。子育てと両立させたい人は早めに仕事を終わらせることを日々心掛け、定時で帰れる働きやすい事務所へ妊娠前に転職しましょう。

| 資 格 | 弁理士（国家資格） MUST!

| お仕事データ |

勤務場所：企業の特許部門、特許事務所など
勤務時間：1日8時間程度
休日：週1～2日
勤務形態：正社員、フリーなど
給料：月収20万円程度から

この本を読んでみて！
『下町ロケット』
池井戸潤／小学館

未経験OK
資格が必要
女性が多い
自宅でできる
再就職しやすい

弁理士

年齢や学歴に制限がなく受験しやすい資格ですが、合格率が低く10%を下回る年も！

独学は難しく、予備校に通う人が大半です。また弁護士の資格があれば弁理士の資格も得られます（要登録）。

どうやったらなれるの？

大学在学中or卒業後に予備校へ通う

↓

弁理士の資格を取得

↓

弁理士に！

英語力のない弁理士は生き残れない時代に!?

知的財産にはさまざまな種類があり、世界で活用される可能性のある財産も多々存在します。海外で特許を通用させるには、国際出願という手続きが必要となり、弁理士には語学力が求められます。

弁理士試験に英語の問題はありませんが、これから弁理士の勉強を始めるなら、英語の勉強も同時に進め、国際性を身につけるとよいでしょう。

知的財産の具体例

- カメラの自動焦点合わせ機能
- 長寿命の充電池
- 日用品の構造の工夫
- 独創的な外観の家電製品（パソコンやオーディオなど）
- 会社や商品のロゴ
- 宅配便などのトラックについているマーク
- 書籍、雑誌の文章、絵など
- 美術、音楽、論文など
- コンピュータプログラム
- 半導体集積回路の回路配置
- 商号（〇〇株式会社など）
- 植物の新品種

過去には帽子を脱いで敬意を表し、未来には上着を脱いで立ち向かいなさい。

／クレア・ブース・ルース

銀行預金テラー

- ○銀行の窓口でお客様対応をする仕事。
- ○複数の資格を持っている社員が多数！
- ○パート社員なら結婚退職後に復帰しやすい。

こんな人にピッタリ

金融の専門知識や資格を自分から積極的に身につけようとする、意欲のある人に向いている仕事です。また接客業なので人当たりがよく、親しみやすい雰囲気も必要です。

未経験OK
資格が必要
女性が多い
自宅でできる
再就職しやすい

Q どんな仕事？

預金を管理して人や企業に貸し出す銀行で窓口業務をする仕事。業務内容は金銭の受け渡しや口座の開設が中心です。金融業界は変化が激しいため、新たな仕事やノルマ、覚えなければならない知識が勤務年数とともに増えていきます。

Q 子育て中は？

金融業界は、結婚や出産を機に退職する女性社員が特に多い業界。でも子育てが一段落した頃にパート社員として復帰する人も大勢います（メガバンク、地銀、信用金庫など、銀行の種類によって状況が異なります）。

資格 簿記検定（日本商工会議所）・宅地建物取引主任者（国家資格）・ファイナンシャル・プランニング技能士（国家資格）・金融窓口サービス技能検定（国家資格）

お仕事データ

勤務場所：銀行
勤務時間：8時間程度。月末は残業が多い
休日：土日祝日
勤務形態：正社員、契約社員など
給料：月収19万円程度から

この本を読んでみて！
『花咲舞が黙ってない』
池井戸潤／中央公論新社

銀行預金テラー

商業高校や大学の経済学部から
就職する人が多い職業です。
簿記やファイナンシャルプランナー
などの資格を学生時代に
取得しておくと就職に有利！
外資系の場合は英語力が
求められます。

どうやったらなれるの？

高校、専門学校、大学などを卒業

↓

銀行に就職

↓

銀行預金テラーに！

いったん退職しても職歴をいかして働ける

メガバンクの銀行員は、なんと3年ごとに異動が！　総合職の場合全国各地に転勤する可能性があるため、多くの女性が結婚退職しています。正社員としての再就職は簡単にはいきませんが、パート社員なら育児が落ち着いた頃に比較的早く復帰することができると言われています。復帰後の役割は銀行預金テラーか銀行ロビーレディ。パート社員の収入のみで生計を立てるのは困難ですが、復帰しやすく、結婚・出産前の職歴をいかして働ける貴重な仕事です。

預金テラーとは違うロビーレディの仕事とは？

銀行ロビーレディは、銀行の店頭でお客様を窓口に案内する仕事。窓口業務の一歩手前を担当し、窓口でスムーズに対応できるよう準備します。例えば、各種書類の書き方やATMの操作方法の説明、来行目的の確認、相談事項の簡単なまとめなど。一日中立ったまま笑顔で対応しなくてはならないため、気力と体力が必要です。

銀行は3時以降もお仕事中

銀行の窓口は、午後3時に閉まります。……ということは残業もなし!?　と思うべからず。実は、午後3時からが銀行預金テラーにとっての本番です。預金の計算や、書類の処理など、その日窓口で取り扱った案件の処理に取りかかります。計算が合わない場合は一大事！　1円単位まできっちり合わなければ帰宅できないことも。また銀行が一番混み合うお昼時も、窓口は大忙し。お昼ご飯を交代で手早く済ませて、すぐに業務に戻ります。笑顔の対応の裏側に、ハードな日常があるようです。

金で信用をつくろうと思うな。信用で金をつくろうと考えよ。／テミストクレス

警察官
（地方公務員）

○国や地域住民の安全な暮らしを守る仕事。
○突発的な事故や事件で緊急出動も。
○職場改革が進み女性が働きやすい環境に。

こんな人にピッタリ

警察官は、被害者と加害者双方と接します。正義感が強いだけでなく、さまざまな立場に立って考えられるバランス感覚のある人に向いています。また総合的な判断力や真面目さも必要です。

未経験OK
資格が必要
女性が多い
自宅でできる
再就職しやすい

Q どんな仕事？

国家公務員が勤務する警察庁と、地方公務員が勤務する都道府県単位の警察があります。警察庁は行政組織で官僚とも言える立場です。また鉄道警察隊、科学捜査研究所、通信指令本部などもあり、一部では専門性が求められています。

Q 子育て中は？

働きやすい職場づくりが進んでいるため、家事や育児と両立しやすい仕事です。低年齢化している少年少女の非行や犯罪の予防、補導、性被害者への対応などに、女性警察官の活躍が期待されています。

資格　普通自動二輪車免許 MUST!
無線従事者（国家資格）MUST!
※どちらも警察学校で取得できます

お仕事データ

勤務場所：交番、警察署など
勤務時間：1日8時間程度（夜勤は交代制）
休日：不定期
（交番勤務は交代制で1～4日ごと）
勤務形態：地方公務員
給料：月収20万円程度から

この本を読んでみて！
『ストロベリーナイト』
誉田哲也／光文社

警察官（地方公務員）

現在女性警察官の大半は、
警察学校を卒業したら男性と同じ
ように交番に勤務しています。
女性警察官の採用試験は、毎年
実施するところと不定期に
実施するところがあるため要注意。

どうやったらなれるの？

高校、専門学校、大学などを卒業

↓

都道府県警察の採用試験に合格

↓

警察学校を卒業

↓

警察官に！

不規則な勤務時間や、
非常招集による休日出勤
などを理解してくれる
パートナーを求めて、
職場結婚多し！ 結婚式
では、新郎がお色直しで
警察の礼服を着ることが
ほとんど。

一日生きることは　一歩進むことでありたい。／湯川秀樹

地方公務員

○地域住民の生活をサポートする仕事。
○災害発生時は家族と離れて復興に励む。
○事務作業が多く休暇をとりやすい。

こんな人にピッタリ

地方公務員は市民の生活を守るためチームで動きます。協調性があり、日頃から人のためになりたいと思っている人に向いています。また時には単純作業を繰り返すことも。根気も必要です。

未経験OK
資格が必要
女性が多い
自宅でできる
再就職しやすい

Q どんな仕事?

市区町村の職員は、市民の生活を支える仕事。都道府県庁職員は、都市計画や文化事業など大規模な公共事業に携わる仕事です。どちらも3~5年ごとに異動があり、遠方の場合は引っ越しも必要です。

Q 子育て中は?

家事・育児と両立しやすく給与が安定しているため、人気の高い職業です。しかし自治体によっては、中途採用試験で民間企業出身者を多数採用する地域もあります。つまり、遠方へ引っ越したあと、別の地域で地方公務員に再就職するのが難しい場合もあるということです。

資格　特になし

お仕事データ

勤務場所：各都道府県庁、水道局、各市・区役所、町・村役場、保健福祉センターなど
勤務時間：1日8時間程度
休日：土日祝日
勤務形態：総合職、一般職
給料：月収20万円程度から

この本を読んでみて!
『メリーゴーランド』
荻原浩／新潮社

試験合格を目指して専門学校
などで学ぶ人が増えています。
試験区分が事務、土木、電気、水産、
心理、福祉などに分かれており、
好きな仕事を選んで
受験することができます。

どうやったらなれるの?

高校、専門学校、大学などを卒業

↓

地方自治体が独自に実施する
採用試験に合格

↓

地方公務員に!

夫婦で同じ役所に勤めていれば子育てラクラク!

部署にもよりますが、地方公務員は一般企業に比べて休暇がとりやすく、結婚や出産を理由に退職する職員がほとんどいません。子どもが熱を出した際は夫婦が交代で休むことも可能です。またルーティーンの仕事が多いため、急な欠席でもすぐに引き継ぎができます。ただしルーティーンが多いということは、大きな変化のある仕事が少ないということ。まれにイベント企画などの仕事もありますが、そんなに多くはありません。

恋人の転勤についていけず別居婚をする人も

地方公務員のメリットといえば、遠方への転勤がないこと。でも一般企業に勤める恋人が他の都道府県に転勤になった場合、「結婚して自分も一緒に転勤」という選択ができません。退職するか、別居婚をするか、結婚を諦めるか、という3択。最近は、とりあえず別居婚をして妊娠したら夫婦どちらかが退職し、相手の赴任先へ引っ越す、というパターンが多いようです。自分の子どもが地元に残ってくれる、と思って地方公務員への就職を勧める親が大勢いますが、そのメリットがデメリットになってしまう可能性もある、ということをお忘れなく。

災害時は仕事優先!? 災害現場で救援活動

地震や津波などの災害が発生した際、地方公務員は不安そうな家族を避難所に残して出勤しなければならないことも。また他の都道府県で災害が起こった際には、数か月単位でサポートに入ることもあります。実際、東日本大震災や熊本地震が起きたときも日本全国から有志で地方公務員が集まり復興に協力しました。

人はいつまでも故郷を身につけている。／ラ・フォンテーヌ

郵便局員（窓口業務）

未経験OK

資格が必要

女性が多い

自宅でできる

再就職しやすい

○郵便局で窓口業務や商品販売を行う。

○残業が少なく比較的安定している仕事。

○引っ越し先での転勤が可能。

こんな人にピッタリ

老若男女、さまざまなお客様に対応するため、高いコミュニケーション能力が必要です。郵便や貯金などどんな質問にも答えられるよう、商品知識をコツコツ覚えられる人に向いています。

Q どんな仕事？

郵便物の受付や切手の販売、生命保険の販売、金融サービスなど、郵便局の窓口でお客様対応をする仕事です。時には窓口業務だけでなく、近隣の住宅を回って商品の販売をすることも。時期によっては販売数にノルマが課されます。

Q 子育て中は？

基本的には残業が少なく安定しているため、女性に人気の高い職業です。回数は限られますが、もし引っ越しても、移動先の職場に転勤できる、というメリットもあります（局員に空きがある場合のみ）。

資格 特別会員一種外務員（日本証券業協会）・生命保険販売員資格（一般社団法人生命保険協会）・損害保険販売員資格（一般社団法人日本損害保険協会）

お仕事データ

勤務場所：郵便局

勤務時間：1日8時間程度

休日：土日祝日

勤務形態：正社員

給料：月収15万円程度から

この本を読んでみて！

『30000人のリーダーが意識改革！「日本郵便」流チーム・マネジメント講座』
日本郵便人材育成チーム／幻冬舎

郵便局員（窓口業務）

就職試験は一般企業と同じ。書類選考や面接を経て採用されます。日本郵政グループ内に「窓口コース」「郵便コース」などさまざまな募集枠があるため、応募先を間違えないよう注意が必要。

どうやったらなれるの？

高校、専門学校、大学などを卒業

↓

日本郵便株式会社に就職

↓

郵便局員（窓口業務）に！

ダイバーシティ推進室に期待大！

子どもが3歳になるまで取得できる育休や、育児・介護を理由に退職した社員を再採用する制度など、日本郵政グループには女性にとって働きやすい制度が満載！　その理由は「ダイバーシティ推進室」という部署にあります。この部署では子育てをしやすい職場環境を男性と女性が協力してつくっていこうと日々さまざまな問題に向き合っています。現場の声に耳を傾け、柔軟な対応策を打ち出している会社として、他社からも注目が集まっています。

職種を変更する「コース転換制度」がある

日本郵政グループには、総合職、一般職、地域基幹職、エリア基幹職などさまざまな職種があります。一般職の場合、転居を伴う転勤はありませんが役員への登用もありません。しかし一般職として入社した後でも、努力次第で企画・管理部門に進むことができます。

年賀はがきやゆうパックのノルマに苦戦

インターネットが発達した今、郵便を利用する人は減っています。また郵便小包も、他社の運送サービスが発達したことで競合が増えてしまいました。そんななか、少しでも売り上げを維持しようと郵便局員一人ひとりに販売目標（いわゆるノルマ）が課されています。もちろん自分自身でも利用しますが、使いきれない分は家族や友人に買ってもらうことに……。目標が達成できれば万々歳ですが、プライベートの仲間に仕事の話を持ちかけるのは心苦しい、という声もあります。

失敗がなければ完全な人生とは言えない。／ソフィア・ローレン

不動産営業スタッフ

未経験OK
資格が必要
女性が多い
自宅でできる
再就職しやすい

- 不動産の売買や賃貸を仲介する。
- 休日返上で社員を働かせる企業も。
- 妊娠や子育ての経験がいきる仕事。

こんな人にピッタリ

お客様や、住宅関係のメーカーとの交渉が常時発生する仕事です。交渉や駆け引きが苦ではなく、人と人との間に立ってスムーズに話を進められる人に向いています。

Q どんな仕事？

土地や家などの不動産を貸したい人と借りたい人、売りたい人と買いたい人の間を仲介する仕事です。チラシやCMなどの広告や、地道な営業活動によって人を集め、土地や建物、周辺環境などの要望を聞いて契約につなげます。

Q 子育て中は？

ファミリー層に不動産を提案する場合、妊娠や子育ての経験をいかすことができます。しかし急な残業や休日出勤があり、予定が立てにくいという一面も。子育て中は事務作業をする部署に異動し、子育てが一段落してから元の部署に復帰するのがオススメです。

資格 宅地建物取引主任者
（国家試験）

お仕事データ

勤務場所：不動産会社など
勤務時間：1日8時間程度（売買の場合）
休日：会社の定休日
（火曜日・水曜日がほとんど）
勤務形態：正社員、派遣社員など
給料：月収19万円程度から

この本を読んでみて！
『吉祥寺だけが住みたい街ですか？』
マキヒロチ／講談社

不動産営業スタッフ

「宅地建物取引主任者」資格は必須ではありませんが、持っているほうが望ましいとされ、ほとんどの人が入社後すぐに取得します。在学中に取得しておくと就職活動時に有利になるでしょう。

どうやったらなれるの？

高校、専門学校、大学などを卒業

↓

不動産会社などに就職

↓

不動産営業スタッフに！

売買・賃貸問わず残業が多く、お客様が土日に物件を見たいと言ったら休日返上での仕事が当たり前、というブラック企業もちらほら。事前の情報収集は綿密に。

「不可能」の反対語は「可能」ではない。「挑戦」だ。／ジャッキー・ロビンソン

7

女性に優しい企業で働きたい！

一般企業にはさまざまな会社があります。
会社によって部門の分け方や名称は異なりますが、
メーカーなど、多くの会社は次の図のような
組織構成になっています。

生産部（商品部）

国内外にある工場で商品を作る

- 生産技術
- 製造 →p238

etc.

調達部

国内外から商品を作るための材料を集める

- 資材調達

etc.

開発部

素材を研究し、新商品を開発する

- 研究・開発 →p240

etc.

販売部（事業部）

キャンペーンを考え、商品やサービスを売り込む

- 営業 →p226
- マーケター →p242
- 販売企画 →p234
- 海外事業部

etc.

管理部

会社全体の情報を管理し、事務作業を行う

- 人事
- 経理 →p228
- 総務・一般事務 →p232
- 秘書 →p236
- 広報 →p230
- 情報システム

etc.

★この本では、女性の働きやすさを考慮して、
国内外への出張や残業が比較的少ない
9つの職種を紹介しています。

社長を見れば「働きやすさ」がわかる！

一般企業の内情や人間関係、女性社員の働きやすさを知りたい場合、OBOG訪問をするという方法があります。また気になる企業で働いている人が身近にいなくても、電話やメールで連絡すれば、話を聞かせてくれる社員を紹介してくれる会社もあります。

しかしどちらもよっぽど親しくならない限り、会社のマイナス面を教えてもらうことはなかなかできません。取材をしていても、会社にとって不都合な事実を聞き出すのは困難です。

そこでぜひ皆さんにチェックしておいてほしいのが、社長の動向です。女性キャリアの専門家によると、「女性が働きやすい環境づくりを積極的に進めたい」と考えている会社の社長は、女性が活躍している企業を表彰する式典に社長本人が出席しているそうです。環境づくりが大切だと思っているからこそ、他の予定をずらしてでも忙しい社長が式典に出席する、とのことでした。また、社外向けに発表した記事のなかでも、社長本人が女性社員の活躍について語っていることが多いそうです。

全企業の女性社員が活躍できるのは20年後!?

職場環境に詳しい専門家に取材をしたところ、20年後には性差なく活躍できる時代が来るとのことでした。働く女性の歴史を紐解いてみると、男女雇用機会均等法で女性が社会に出て働くようになり、その後、結婚・出産・育児などのライフイベントを乗り越えて活躍する女性が増えたそうです。それによって女性が長く働き続けるメリットを企業が実感し、新卒採用での男女差がなくなりました。このまま時代が進めば、女性にとって働きやすい職場が増え、現在問題視されている女性管理職の少なさも時間とともに解決すると言われています。

しかしそれでは、今働いている女性や数年以内に社会人になる女性たちはどうなるのでしょうか。20年間、働きにくい環境でじっとしているしかないのでしょうか。

もちろん、その必要はありません。20年先ではなく、10年先、5年先、できることなら来年にでも働きやすい会社になるように、各社でいろいろな人や部署が動いています。今は働きにくくても、アイデアを出して職場を変えていけば、女性が活躍する未来は想像以上に早く到来します。20年という期間を少しでも短くするために、一人ひとりが積極的に動くことが大切です。

営業

○商品やサービスを売り込み、利益をあげる！
○清潔感のあるスーツ姿でお客様を訪問。
○営業事務なら社内での仕事も可能。

▼

こんな人に
ピッタリ

クレームが発生した場合、真っ先に怒られるのは営業。謝るのも営業です。どれだけ怒られてもすぐに立ち直れる、気概のある人に向いています。体育会系の人が多い部署です。

未経験OK

資格が必要

女性が多い

自宅でできる

再就職しやすい

Q どんな仕事？

自社の商品やサービスをお客様に売り込む仕事。一週間に何度も訪問したり、電話をかけたりして、地道に信頼関係を築いていきます。一方で、時には強気で売り込んだり、お客様からの無理なお願いを聞いたりすることもあります。

Q 子育て中は？

お客様の都合に合わせて動くため、子育てとの両立が難しい場合もあります。しかし会社によっては営業事務として見積りを作成したり、資料をまとめたり、社内でできる仕事に変えてもらえるケースも増えています。

| 資 格 | 特になし

| お仕事データ |

勤務場所：一般企業
勤務時間：1日8時間程度
休日：土日祝日
勤務形態：正社員
給料：月収20万円程度から

この本を読んでみて！
『翼をください』
こかじさら／双葉社

新人は商品の流れを知るため、希望をしていなくても営業部に配属される傾向にあります。営業部に残りたい場合は、ノルマを達成し、売り上げトップを目指しましょう。

どうやったらなれるの?

高校、専門学校、大学などを卒業
↓
各種企業に就職
↓
営業部に配属される

営業の経験が育休明けに役立つ!

産休・育休を取得し、時短勤務のため再び営業職に戻ることができなくても、営業のサポート役としてお客様に渡す書類や、出入金の管理をするポジションに就くことができます。気になる企業を見つけたら、女性営業のキャリアを確認してみましょう。

営業として働き続けることも可能!

かつては結婚や出産と同時に退職したり、リポート業務に移る「社内転職」をする人が大半を占めていた女性の営業職。しかし近年、営業として働き続けられる環境を整えた企業が少しずつ増えています。育休から復帰後、短時間勤務でも達成できる営業目標を設定して男性と同じように昇進したり、マネージャーになって営業部門を統括したり。問題視されていた長時間労働も社会全体で見直されてきました。営業職の女性が働き続けられるように、さまざまな仕組みづくりが進んでいます。

お客様第一主義で家族が犠牲に……

朝、突然子どもが高熱を出してしまった! しかし営業はお客様第一で動くため、お客様との商談や打ち合わせが入っていた場合、出勤しなくてはなりません。子どもは、実家、夫、病児保育のいずれかへ。サポート体制が整っていなければ続けられない仕事です。ただし、普段からお互いに助け合う良好な関係をつくっておけば、いざというときに同僚が交代してくれたり、お客様が日程をずらしてくれたりするでしょう。社内外問わず、お互いに仕事をサポートし合える人間関係づくりが大切です。

私の背中をかくには私の爪しかなく、私を運ぶには私の足しかない。
／ベルベル人の格言

経理

- 現金や預金を管理し、決算書を作成。
- 電卓での計算やエクセルが得意。
- 経験さえあれば再就職しやすい。

こんな人に
ピッタリ

売り上げや利益、経費などさまざまな数字を扱う仕事です。何事もきっちり正確に処理できる人に向いています。表やグラフの作成や計算が好きだと、毎日楽しく仕事ができるでしょう。

未経験OK

資格が必要

女性が多い

自宅でできる

再就職しやすい

Q どんな仕事？

企業における現金や預金の管理、銀行とのやりとり、決算書の作成をする仕事です。大手企業では経理・財務・会計など部署ごとに業務を分担したり、総合職と一般職で仕事内容を分けたりしている場合もあります。

Q 子育て中は？

あらゆる企業で必要な職種のため全国的に需要があり、女性が多く採用されています。定時退社できる企業が大半で家庭と両立しやすい一方、月末や決算の時期には残業が続くこともあります。いったん退職しても、経験があれば再就職しやすい職種です。

| 資格 | 簿記検定（日本商工会議所）

| お仕事データ |

勤務場所：一般企業
勤務時間：1日8時間程度
休日：土日祝日
勤務形態：正社員、契約・派遣社員など
給料：月収18万円程度から

この本を読んでみて！
『これは経費で落ちません！ 経理部の森若さん』
青木祐子／集英社

経理

簿記検定を3級まで取得しておくと、就職に有利です。しかし簿記の知識だけでは、経理の仕事はできません。経理に関連する法律や、税金に関する知識が必要です。

どうやったらなれるの？

高校、専門学校、大学などを卒業
↓
各種企業に就職
↓
経理部に配属される

月末は忙しい！　だから家族で協力しやすい

経理は、月初め、月末、事業計画（予算）、決算の時期が忙しくなります。残業はなるべく避けたいところですが、忙しくなる時期がわかっているからこそ、残業があっても家族で協力しやすいという考え方もできます。夫と協力して土日に作り置きの惣菜などを作っておいたり、家族の予定を調整して保育施設の送迎を分担したり、工夫して乗り切りましょう。

派遣でもOK！　経験がものを言う世界

経理の仕事は、経験者が有利。ということは、結婚・出産の前に数年だけでも経験しておけば復職しやすい、とも言えます。結婚・出産を見据えて派遣会社に登録、数年間経理の仕事をして退職し、子育てが一段落したところで経理の実務経験をいかして正社員で復職、という長期戦を経て経理の職に就く人もいます。長く働きたい場合には有効な手段です。

キャリアアップできず毎日同じ仕事ばかり？

緻密な数字の処理の連続で成り立っているのが経理の仕事。締め日や決算期を除き、業務内容がルーティーンになることも多いため、適性がないと「毎日同じ仕事ばかり」と感じてしまうかもしれません。多くの人とコミュニケーションをとりたい人や、見えやすい成果やキャリアアップを求める人のなかには、異動を申し出たり、転職したりと、あえて経理から離れていく人もいます。自分のタイプを見極めてから就職しましょう。

いい日は幾らでもある。手に入れるのが難しいのはいい人生だ。／アニー・ディラード

広報

- 企業の情報を社内外に発信する仕事。
- マスコミから取材を受けることも！
- 家事・育児と両立するならチーム力が大切。

こんな人にピッタリ

社内報やプレスリリースなど、広報は締め切りの多い仕事。綿密にスケジュールを立てて、抜かりなく進められる人に向いています。また文章を書く機会が多いため国語力が求められます。

未経験OK　資格が必要　**女性が多い**　自宅でできる　再就職しやすい

Q どんな仕事？

広報は、企業内の魅力的な情報を収集し、イメージアップのために発信する仕事です。マスコミ対応、記者会見対応、報道機関や行政からのアンケート回答といった社外への対応のほか、社内に配布する機関誌「社内報」の企画や制作も担当します。

Q 子育て中は？

正確さと締め切り厳守が鉄則で、時には突然の記者会見にも対応しなければなりません。そのため以前は家庭との両立は難しいと言われていました。しかし最近はチームを組むなど各社で体制が見直され、働き続ける女性広報が増えています。

資格　PRプランナー資格認定制度（公益社団法人 日本パブリックリレーションズ協会）・ビジネス文書検定（公益財団法人実務技能検定協会）

お仕事データ

勤務場所：一般企業
勤務時間：1日8時間程度
休日：土日祝日
勤務形態：正社員、派遣社員など
給料：月収20万円程度から

この本を読んでみて！
『空飛ぶ広報室』
有川浩／幻冬舎

広報

他部署の仕事に2〜3年携わったあと広報部に配属されるケースがほとんど。ウェブや雑誌など、マスコミやメディアに関する知識を持っていると早く異動できる可能性があります。

どうやったらなれるの？

高校、専門学校、大学などを卒業
↓
各種企業に就職
↓
広報部に配属される

ゆるキャラ担当としてTwitterのつぶやきも

広報担当は、いわば企業の顔。企業の良いイメージが世間に広まるようなウェブサイトを作ったり、TwitterやFacebookでの案内やコメントを書いたり、LINEのスタンプやキャラクターを作ったりと、幅広く活躍しています。時には、企業の窓口として人気雑誌の取材を受けることも！

謝罪会見の準備や司会も広報担当者の仕事

華やかな印象の広報ですが、良いことばかりではありません。事件や事故が起きたときに謝罪会見を開くのも広報の仕事です。突発的に残業が発生した際には延長保育を利用し、家族の助けを借りて子育てと両立しています。

「キラキラ広報」は実は社内一のタフ!?

会社のイメージアップやPRのため、広報部の社員は自らメディアに出演することがあります。そのような広報部員は「キラキラ広報」と呼ばれ、広報＝華やかというイメージをつくり上げてきました。しかしそのイメージはあくまでも一部。家事・育児と仕事を両立している女性広報担当者は、子どもの送り迎えのために時短勤務を活用し、日々締め切りと時間に追われながら必死に原稿を書き、社内を飛び回って情報を集めています。直接売り上げにつながる仕事をしているわけではなく、さらに顔を売っていると思われることもあるため、社内からは冷たい目で見られることもあります。それでもメディア出演時に疲れは見せられません。キラキラしたイメージの広報であり続けるためには、タフな精神が必要です。

あなたが挑むことのできる最大の冒険は、あなたが夢見る人生を生きることである。
／オプラ・ウィンフリー

総務・一般事務（庶務）

○企業内の事務作業を行う仕事。
○パソコンの基本的な操作は完璧！
○経験や資格があると再就職に有利。

未経験OK
資格が必要
女性が多い
自宅でできる
再就職しやすい

こんな人にピッタリ

社内外の人と円滑にやりとりをするため、コミュニケーション能力や文書の作成能力、ビジネスマナーは必須です。電話応対・来客応対時には丁寧さや臨機応変な対応も求められます。

Q どんな仕事？

一般企業で、資料や契約書をはじめとする書類作成のほか、電話・来客応対や、郵便物の仕分け、データ集計などの事務作業を行う仕事です。総務は会社全般の事務を担当し、一般事務（庶務）は部門ごとの事務を担当します。

Q 子育て中は？

総務・一般事務は部活動のマネージャー的存在。縁の下の力持ちとして、人をサポートしたいという気持ちのある人に向いています。デスクワークが中心で定時で帰りやすいため、結婚・出産後も続けやすい仕事として女性に人気があります。

資格 MOS（マイクロソフト オフィス スペシャリスト）（株式会社 オデッセイ コミュニケーションズ）・秘書検定（公益財団法人実務技能検定協会）・簿記検定（日本商工会議所）

お仕事データ

勤務場所：一般企業
勤務時間：1日8時間程度
休日：土日祝日
勤務形態：正社員、契約・派遣社員など
給料：月収21万円程度から

この本を読んでみて！
『銀行総務特命』
池井戸潤／講談社

総務・一般事務（庶務）

どうやったらなれるの？

高校、専門学校、大学などを卒業

↓

各種企業に就職

↓

総務・一般事務に配属される

最近は直接雇用のほか、人材派遣会社の派遣スタッフ、または契約社員として企業へ派遣されるケースも増えています。能力が認められ、派遣先でそのまま正社員に昇格することも。

地道にコツコツ、工夫を積み重ねてハッピーに！

仕事の成果が数字に表れにくいため、単調な毎日の繰り返しになりがち……。そんなときは、自分なりに書類の作り方や電話の対応の仕方を工夫します。社員から「○○さんのおかげで助かったよ！」と感謝される瞬間は嬉しいもの。もちろん気づいてもらえないこともありますが、小さな喜びの積み重ねが総務・一般事務（庶務）のやりがいです。大企業のなかには、事務限定のコンクールを開催し、モチベーションをアップしている企業もあります。

経験や資格があれば再就職に有利！

引っ越しや結婚、出産を機に退職したとしても、再就職しやすいのがこの職種の特徴。総務・一般事務（庶務）として復職する場合、経験者から採用されると言われています。経験がなくても結婚や出産をする前に資格を取得しておくと再就職に有利です。

誰でもできる仕事は嫌！　暇すぎてつらい職場も

毎日10枚、会社のソフトに伝票の内容を入力したら、電話の対応と書類整理をするだけ。そんな簡単な仕事ばかり任せる会社もあります。のんびり働きたい人には向いているかもしれませんが「誰にでもできるような仕事はしたくない！」という人にとっては、つらい職場になる可能性も。総務・一般事務（庶務）の仕事内容や忙しさは、企業によって大きく異なります。採用試験の際「難しい仕事はありません」と言われる企業では、やりがいを感じられないかもしれません。仕事内容や一日の仕事量を、事前に細かく聞いておきましょう。

私って本当に不十分な人。そして、私はそういう自分を愛している。／メグ・ライアン

販売企画

○宣伝やキャンペーンを考える仕事。
○会議では自分の意見を明確に伝える。
○育児経験をいかして企画を考案!

未経験OK
資格が必要
女性が多い
自宅でできる
再就職しやすい

こんな人にピッタリ

新しい企画や視点を見つける発想力、コミュニケーション力や、スケジュールの調整力が必要とされます。世の中の変化に敏感で、好奇心旺盛な人に向いている仕事です。

Q どんな仕事?

消費者の心をつかむキャンペーンや商品周辺のツールを考案する仕事です。広告代理店や専門のイベント業者に一任している企業もありますが、自社内で行う場合は、販売企画部が効果的な宣伝や魅力的なパッケージを考えています。

Q 子育て中は?

会議が多く妊娠中つらい経験をする人もいますが、育児経験をいかした企画によってヒットした商品もあります。販売企画部で働き続けたい場合は、妊娠・出産・子育てを踏まえたキャリアプランを立てるため、早めに上司に相談しましょう。

資格 プロモーショナル・マーケター(JPM/一般社団法人日本プロモーショナル・マーケティング協会)

お仕事データ

勤務場所:一般企業
勤務時間:1日8時間程度
休日:土日祝日
勤務形態:正社員、派遣社員など
給料:月収20万円程度から

この本を読んでみて!
『白雪堂化粧品マーケティング部 峰村幸子の仕事と恋』
瀧羽麻子/KADOKAWA

販売企画

商品の流れが最もよくわかる
営業部など、他部署の仕事に
2～3年携わった後、販売企画部に
配属されるのが一般的です。
希望通りに異動できない場合も
ありますが、根気よく申請しましょう。

どうやったらなれるの？

高校、専門学校、大学などを卒業
↓
各種企業に就職
↓
販売企画部に配属される

何気ない日常の情報収集が役立つ！

販売企画部の社員には消費者の視点が求められます。女性向けの化粧品や、服飾品、幼児用のオムツや玩具などの企画の場合は、出産や育児の経験が企画につながり、一大キャンペーンとして全国に広がった事例もあります。仕事に打ち込む姿勢も大切ですが、休日には積極的に遊びやショッピングに出掛け、家族との時間を大切にして、新たなアイデアを見つけましょう。

妊娠中、長時間の会議に人知れず苦労……

開発や営業など社内の他部署や、社外の専門会社の人と連携することが非常に多い部署です。企画を立てるだけでなく、何度も会議を行い、多くの意見をまとめて少しずつカタチにします。時には会議が何時間も続き、深夜に及ぶことも。話がヒートアップしていると、妊娠中、つわりがひどくなったときにトイレに行くのも大変。前もって周囲に話を通しておくなど、人知れず苦労があります。

時には深夜残業に対応できる家庭環境を！

通常は何人かのチームを組んで、商品販売に向けたプロジェクトを進めます。しかし仕事にトラブルは付きもの。初期段階で予想外のアクシデントが発生したり、佳境に差し掛かったところで問題が見つかったり、なかなかスケジュール通りには進みません。一般的な職業に比べて波が大きく、残業続きになることもあります。残業が発生したとき「保育園に迎えに行けない！」ということにならないように、普段から時間を上手に使い、柔軟に対応できる家庭環境を用意しておくことが必要です。

おかしなことを考える女だけが、不可能なことを成し遂げる。／ロビン・モーガン

秘書

○役員をサポートする仕事。
○常に冷静で臨機応変な対応ができる。
○秘書の時間管理術が家庭で役立つ！

こんな人にピッタリ

スケジュールの管理、資料の整理から冠婚葬祭の対応まで、毎日さまざまな仕事を短時間でこなすため、機転をきかせて臨機応変に処理していく能力が求められます。

未経験OK
資格が必要
女性が多い
自宅でできる
再就職しやすい

Q どんな仕事？

おもに役職者の補佐をする仕事です。社外の人と接する機会が多いため、社交性やマナー、適切な言葉遣いは必須です。特別な資格は必要ありませんが、文部科学省後援の秘書検定の２級以上を取得している人が多くいます。

Q 子育て中は？

サポートする相手の都合で仕事が動くため、自分で仕事をコントロールできません。子どもに手がかかるうちはなかなか復職できないかもしれませんが、仕事でつちかったスケジュール管理力が、家事や育児に役立つことも！

資格　秘書検定（公益財団法人 実務技能検定協会）・国際秘書検定（一般社団法人日本秘書協会）・米国公認秘書資格（International Association of Administrative Professionals）

お仕事データ

勤務場所：一般企業
勤務時間：1日8時間程度
休日：土日祝日
勤務形態：正社員、契約社員、派遣社員など
給料：月収18万円程度から

この本を読んでみて！
『「できる秘書」と「ダメ秘書」の習慣』
西真理子／明日香出版社

秘書

企業によっては、中途採用で
社長秘書を募集しているところも
あります。守秘義務を守ることが
でき、スケジュール管理や出張手配
を効率よく正確にできる人が
求められているようです。

どうやったらなれるの？

秘書検定資格を取得
↓
各種企業に就職
↓
秘書部などに配属される

役員のプライベートも把握

スケジュールを管理するため、時にはサポートする相手のプライベートを聞くこともあります。休暇中に突然連絡が入る可能性がある場合は予定を把握したり、怪我や体調不良がないか日常的に確認したり。そこで大切なのが「守秘義務」です。家族関係や友人関係、公にできない病状など、本人しか知りえない情報を聞いたとしても絶対に漏らしてはいけません。

「できません」はNG！ できる方法を考えるのが秘書

秘書の仕事は、スケジュール管理や事務作業、会合のセッティング、移動手段の確認、手土産の購入など、多岐にわたります。難しい仕事があっても簡単に「できません」と言うのではなく何とかしてできる方法はないか考え、一つひとつの仕事を迅速かつ丁寧に進めるのが秘書の役目。まずは自分が秘書としてサポートする相手の立場を誰よりも考え、理解しましょう。どんなときも柔軟性と冷静さが必要です。

サポートする相手と馬が合わないと大変

秘書としてサポートする相手は、会社が決めています。人によって打ち合わせの仕方や相談しやすいタイミングが異なるため、秘書は相手の忙しさや機嫌に合わせて仕事をします。しかし、そこで馬が合わないと大変なことに。秘書になったとしても、スムーズに仕事ができなければ外されてしまう可能性があります。しかしサポートする相手と強固な信頼関係が築ければ、長く安定して雇用され続けるというメリットがあります。

男に言うことをきかせたかったら、いくつか彼の言うとおりにしてやること。
／リンダ・ライオン

製造

○商品の製造や機械の組み立てなどを行う。
○効率重視！　仕事は手際よく進める。
○託児所併設の工場なら安心して働ける！

こんな人に
ピッタリ

手先が器用で、根気があり、繰り返し作業が苦にならない人に向いています。新人研修で機械や製品の知識や扱い方を学ぶため、専門知識がなくても働くことができます。

未経験OK
資格が必要
女性が多い
自宅でできる
再就職しやすい

Q どんな仕事？

メーカーの製造現場で、商品の製造や機械の組み立てなどを行う仕事。かつては「3K（危険・汚い・きつい）」と言われていた製造現場ですが、最近は職場環境も改善され、清潔感のある工場が増えています。

Q 子育て中は？

業種によっては、パートや時短などで働く女性たちが製造の現場のほとんどを担っていることもあります。出産後に復帰してから何十年にもわたって勤め上げ、ベテランと呼ばれる女性社員も多く活躍しています。

| 資格 | 特になし

| お仕事データ |

勤務場所：一般企業
勤務時間：8時間程度
休日：土日祝日
勤務形態：正社員、契約社員、派遣社員、パート
給料：月収15万円程度から

この本を読んでみて！
『陸王』
池井戸潤／集英社

工業高校には機械や工具の扱いを学ぶ授業があるため、学校にさまざまな求人票が届き、部品関係のメーカーへの就職にも有利です。ただし、まだまだ男子生徒が多いのが現状です。

どうやったらなれるの？

高校、専門学校、大学などを卒業

↓

メーカーに就職

↓

製造部に配属される

実は女性に優しい！ 工場の実態とは

残業時間が少なく働きやすいのが製造の仕事。営業職のように、勤務時間外に突然呼び出されることもありません。大手メーカーの工場ほど、シフトがしっかりと組まれており、怪我のないように工場内が整備されています。2交代や3交代の勤務体制の工場では夜勤があるため不規則なシフトになりがちですが、子ども（幼児）がいる女性社員の夜勤を免除している企業もあります。

社内の託児所に子どもを預けて働ける！

女性社員の多い工場では託児所などが併設されていることもあります。子どもと一緒に出退勤ができたり、昼休憩で子どもと一緒に食事ができたり。近くにいる分、一緒に過ごす時間が長くなります。さらに土日も託児所を開いている工場では、子どもの世話ができる家族がいなくても、託児所に預けて安心して働けるようです。女性が長く働き続けられるよう、少しずつ制度が整ってきている職種です。

心身ともに体力の必要な仕事

目標の金額を貯めるためにコツコツと続けるにはいい仕事です。食堂や寮を完備している工場も多くあります。しかし工場内では立ちっぱなしで、長ければ4時間以上、同じ仕事を延々と続けていなければいけません。しかも、現場はチーム体制で動いているためコミュニケーション能力が必須。リーダーやチームメイトとの人間関係づくりも、大切な仕事の一部です。馬が合わないと、仲間はずれにされてしまう可能性も。就職したいメーカーに知り合いがいる場合は、事前に社内の雰囲気を聞いておきましょう。

すべての良い事を無駄にせず、すべての悪い事は無視する。／セーラ・ティーズデール

研究・開発

- 企業で研究・開発を行う仕事。
- 探究心が強く、徹底的に追究する。
- 働きやすい環境づくりを進行中。

こんな人にピッタリ

研究担当に求められるのは、最先端の技術などを知っておくための知的好奇心や発想力。開発担当は、お客様やマーケターからの要望を理解し、情報を精査して分析する力が必要です。

未経験OK
資格が必要
女性が多い
自宅でできる
再就職しやすい

Q どんな仕事？

研究担当は、企業の研究機関で、研究・分析・検査などを行う仕事。開発担当は、商品のリメイクや新商品の開発を行う仕事です。研究担当の場合は長期間かけて研究を進めるため、自分のペースに合わせてスケジュールを調整できます。

Q 子育て中は？

開発担当は常に追い込み状態。商品の発売時期に合わせて短いスパンで次々に開発していきます。まだまだ女性にとっては働きにくい環境ですが、近年職場環境が見直され、研究・開発担当者にアシスタントをつけるなど改善が進んでいます。

資格　大学の博士号

お仕事データ

勤務場所：一般企業
勤務時間：1日8時間程度。休みなく研究する人も多い
休日：土日祝日
勤務形態：正社員
給料：月収20万円程度から

この本を読んでみて！
『探偵ガリレオ』
東野圭吾／文藝春秋

研究者の場合、大学や大学院で専攻した専門分野をそのまま研究し続け、大学に就職する道もあります。ただ、大学での研究費用は減少の傾向にあるため、企業に就職したほうが思うように研究を進められることも。

どうやったらなれるの？

大学を卒業する
↓
大学院で博士号を取る
↓
各種企業に就職
↓
研究・開発部に配属される

研究が人類を救う!? 未来をつくる仕事

ちょっとしたひらめきや、ふとした関心ごとが、世の中に役立つ大きな発見につながることもあります。さらに研究が成功すれば、教科書の記述が変わったり、世の中に一大ブームを起こしたり、困っている人の命を助けることができるかもしれません。研究費の確保など一筋縄ではいかない問題もありますが、よりよい未来を導くための重要な仕事です。

研究といっても一人の世界に没頭できるわけじゃない！

グループ内でディスカッションしたり、大学機関と連携をとって研究を進めたりするので、コツコツと研究を進める忍耐力のほかにも、コミュニケーション能力が必要となってきます。成果が出ず、研究費用が削られそうになったときなどには、社内で強気の予算交渉もしなくてはいけません。研究者になって好きなことだけに没入したい、というモチベーションだけでは務まらない仕事です。

食品メーカーの開発者は不健康になりやすい!?

研究・開発分野のなかでも華やかなイメージなのが、食品メーカーの開発者。スーパーマーケットの棚に並ぶヒット商品を作る、というイメージを抱く人も多いでしょう。しかし昨今は開発競争が激化し、次々に新商品を出さなければ生き残れません。一人で10～20種類の新商品を担当し、短期間で次々に仕上げ、生産工場のトラブルにも対応。新商品が完成する前に、体調を崩してしまうことも……。少しずつ環境改善は進んでいますが、古い慣習から脱却できていない老舗企業も多いようです。

少しずつ少しずつ行けるところまで進む。／クロー族の格言

マーケター

○市場の動向を読んで新商品を開発。
○いろいろな部署との会議が重要。
○子育てとの両立に向けて独立も可能!

こんな人にピッタリ

マーケターは人間の深層心理を探る仕事。「この人はなぜこの商品を買ったんだろう」「何が気に入ったんだろう」と、人の気持ちをイメージするのが好きな人に向いています。

未経験OK
資格が必要
女性が多い
自宅でできる
再就職しやすい

Q どんな仕事?

消費者のニーズを捉え、新商品を生み出す仕事です。データを読み解いて流行を予測し、競合他社の商品を実際に使ってみて使用感を分析。開発部門と協力して試作品を作り「いつ・どこで・いくつ・いくらで・誰に販売するか」を考えます。

Q 子育て中は?

生活用品を購入する際、その決定権の8割を女性が握っていると言われる今、多くの企業が女性マーケターを求めています。フリーランスになれば自宅で仕事ができるため、家事や子育てと両立しやすくなります。

資格 商品プランナー・商品開発士・販路コーディネータ(一般社団法人日本販路コーディネータ協会)

お仕事データ

勤務場所:一般企業
勤務時間:1日8時間程度
休日:土日祝日
勤務形態:正社員、派遣社員など
給料:月収20万円程度から

この本を読んでみて!
『USJを劇的に変えた、たった1つの考え方 成功を引き寄せるマーケティング入門』 森岡毅/KADOKAWA

マーケター

中途採用の場合、マーケティング関連職は経験者採用がほとんど。即戦力の人材を採用する傾向が非常に強く、競争率の高い職種です。MBA（経営学修士号）や英語力があると有利です。

どうやったらなれるの？

高校、専門学校、大学などを卒業
↓
各種企業に就職
↓
マーケティング部に配属される

家事・育児との両立を見越して独立も可能！

経験と実績を積み、取引先と個人的に契約を結ぶことができれば、フリーランスとして活躍できます。フリーランスのメリットは、自宅で仕事ができるため子育てや家事との両立がしやすいということ。しかし、急にミーティングが必要になったとき、すぐに会議室に行けないというデメリットもあります。そのぶん普段からメールの返信を早くしたり、締め切りを守ったりして、契約先との信頼関係を築いておきましょう。

出産後も育児中も心は高校生!?

マーケターの仕事は情報収集やデータの解析だけではありません。流行りのスイーツやアクセサリー、SNSや流行語など、最新のトレンドを理解し、時には自分で体験します。たとえ自分がアラサーであろうと、子育て中の母親であろうと、ターゲットが高校生なら若者の気持ちになりきって商品をよりよいものに仕上げていきます。自分の趣味だけでなく、最新の流行を幅広く追いかける姿勢が大切です。

時には店頭販売やサンプル配布も

例えば紅茶のマーケティング担当になった場合、仕事中にさまざまな紅茶店を訪れ、試飲を重ねて新商品を生み出します。その後は販売戦略を練って商品の売り方を考えます。ここまでがマーケターの仕事だと思われがちですが、大変なのはそのあと。消費者の反応を見るため、猛暑のなかイベント会場で一日中サンプルを配布したり、店頭販売を手伝ったりすることもあります。快適なオフィスで新商品を作るだけでなく、商品が現場でどのように手にとられているのかを知るのも重要な仕事です。

過ぎたことは逃げ去り、待ち望んでいるものも今はない。だが、現在は君のものだ。
／アラビアの格言

大手企業VS中小企業、ぶっちゃけどっちがいいの？

それぞれのメリット・デメリット

中（中小企業で働く20代女性） 大手企業で働く女性がよくぶつかる壁ってある？ 大手の社員は恵まれていて、困ることはなかなかなさそうだけど。

大（大手企業で働く20代女性） いやいや、いっぱいあるよ〜！ よく聞くのは、「会社の将来的な方針や具体的な利益を女性社員は教えてもらえない」っていう悩み。古い体制の大手企業ではいまだにそういうところがあるみたい。中小企業はそういうことある？

中 え、ないない！ むしろ男女問わずどんどん成長して、役職に就いて会社のリーダーになれって言われる。ま、そもそも人数が少ないから全員必死に仕事しないと会社がまわらないんだけど。

大 いいなぁ。私のいる会社は体質そのものが古いから、男性社員に目が向きがちなんだよね。

中 でも大手は、育児をしながら働きやすい環境が整ってるでしょ？ 私の所属する中小企業も頑張ってるけど、まだまだ模索中だから。

大 確かに制度は充実してる。ここだけの話、私の会社では30歳近くになると、仕事が楽な部署に異動させてくれるよ。

中 おぉ、気が利く！

大 結婚して出産して、仕事はそこそこで、っていう人にとってはいいことだと思う。でも、バリバリ働きたいっていう人にとっては、むしろ逆効果じゃない？ 私のすぐ近くにね、30歳を前にしてちょうど役職がつきそうになってきたところで異動させられちゃった人がいたの。上層部は「そのうち結婚して出産しそうだから」って思ったみたい。本人はそんなつもりなかったのに。結婚しないならしないで、「まだ結婚しないの？」っていう圧力もあるよ。

中 あー、なるほど。私の会社はそういう圧力ほとんどないなぁ。結婚も出産もフレキシブルに対応してくれるし、なんなら「これを機に制度をつくろう」っていう流れになる。

大 うらやましい！

中 大手のほうが絶対的に恵まれてると思ってたけど、そうとも限らないんだね。一長一短なんだなぁ。

就職活動で成功する方法

中 実は私も学生時代、大手を狙ってたんだ。でも100社近くエントリーして、結局内定は中小企業一社だけ。一体どうやって大手に受かったの？

大 意識したのは、体育会系っぽく振る舞うってことかな。大手企業が学生に求めてるのって、根性とやる気なんじゃないかと思って。上下関係が守れて、厳しい状況にも耐えられて、しかも放っておいても勝手に成長してくれる人。

中 「仕事から帰ったら家で自主的に勉強します！ 押忍！」みたいな（笑）。

大 そうそう！ 今どきそんな人なかなかいないけどね。でも当時の私はそう考えて、「私は、こういうことができます」じゃなくて「私はこういうふうに頑張れます」って面接で話したよ。

中 なるほどね。私もそうすればよかったのかなぁ。

大 私は逆に中小企業は受けなかったんだけど、中小企業やベンチャー企業を希望する人はどうすればいいんだろう？

中 募集がなくても、入りたい会社があったら連絡をとってみるといいと思うよ。私はもともと営業志望で応募したんだけど、面接を受けたら「別の部署はどう？」って勧められて。ちょうど産休に入る人がいたから代わりになる人を探していたみたい。それで、もともと募集のなかった部署に運よく入れたの。

大 すごい！　そういう柔軟な対応は、中小ならではだよね。

中 学生時代の私は全く気づいてなかったけどね。女性にとって中小は中小でいいところがあるから、そこは今の学生さんにも知っておいてほしいなぁ。

人生を通して何をしたいのか

大 一緒に働いている人って、どんな雰囲気？　例えば同期とか。やる気のある子が多い？

中 ものっすごい燃えてる子はいないかな。第一志望じゃなかった子が多いから。けど人数が少ない分、自立しなきゃいけないし、自然に実力が身につく感じはあるかな。大手はほとんど第一志望でしょ。みんな燃えてるんじゃないの？

大 それが違うの。ほとんどの女子が「どうせ就職するなら有名なところがいいな」っていう志望動機で受けてるみたいで。

中 うっ、身に覚えが……。

大 もしかして、「有名な商品に関わる仕事をして、社内恋愛して、30歳手前で結婚したいなー」みたいな理想を持ってたタイプ？

中 そう、それ私！

大 残念でした、その夢はかないません（笑）。

中 なんで!?　どういうこと？

大 だって、男性社員は忙しいから、家でご飯を作って待っててくれる子がいいって言うんだもん。自分と同じ会社で、同じくらい忙しい子に目は向かないんだって。プライドもあるし。だから結局女性社員は売れ残って、30歳手前で大焦りするパターンに追い込まれます。

中 えー！　じゃあ結婚して働き続けたい人は大手に行かないほうがいいってこと？　せっかく制度が整っているのに。

大 制度を使うかどうかは自分次第だよ。結局、人生を通して何をしたいのかっていうことを、就職する前に考えてみることが大事なんじゃないかな。仕事をして、何につなげたいのか。お金か、夢か、出会いか。そうすれば、どんな会社に就職しても人生が大きくブレることはないと思う。

中 そっかぁ。結婚も、出産も自分一人で決められることじゃないし、子どもが欲しくてもできない人もいる。会社がどうこう、じゃなくて、予想外の展開になっても、自分が〝何をしたいのか〟っていう軸を、しっかり持っていたほうがいいんだね。

人 うん。会社っていう枠の中で考えずに、自分の人生を大きな流れとしてとらえるといいと思う。そのためにも、大手や中小のイメージだけで就職先を選ぶんじゃなくて、まずは自分のやりたいことを真剣に考えることから始めるといいよね。

おわりに

この本を出版する4年前のこと。私は女子会で、成績優秀で容姿端麗な友人に、なぜ一般職を選んだのかを聞きました。すると彼女はこう答えたのです。

「大手企業の一般職に就いて、海外赴任しそうな人と結婚して海外で働くのが、一番現実的だと思って」

〝一般職を選んで二つの夢を同時にかなえた女性の話〞、という、189ページのコラムに登場する女性は、実は私の友人でした。普通なら、総合職に就いて海外赴任を目指すところですが、現在でも、夫の転勤や出産によって仕事を辞める女性が大勢います。そうした状況を見越した友人は、高校時代から将来設計を立て始め、家庭を大事にしながら夢をかなえる道を選んだのでした。

対して私は、いつか編集者になりたいという夢を夢中で追いかけるだけ。その後のことは「産休と育休でなんとかなる」と思っていました。しかし実際に企業で働いてみると、なんとかならずに泣く泣く仕事を辞めた女性が何人もいたのです。

現実をちゃんと知ったうえで仕事を選べたら、女性はもっと自分らしく働き続けられるかもしれない……。

そう思ったのが、この本を考えたきっかけです。今まで隠され続けてきた、働く女性たちの声。それを公開することで、これから子育てをする女性たちの力になりたい。その一心で、約4年間、この本の執筆をしてきました。

書籍の企画を考える機会をくださった宣伝会議の皆様と、アップルシード・エージェンシーの鬼塚社長。私を励まし続けてくださった編集者の須田奈津妃さんと山田恵子さん。取材に快く応じてくださった女性の皆様。日本全国のみならず、海外からも応援してくださった全ての方。皆様のおかげでこの本が完成しました。一人ひとりのもとへ、感謝を伝えに飛んでいきたいです。本当にありがとうございました。

そして最後に、この本を手に取ってくださっているあなた。他でもないあなたが、将来「この仕事を選んでよかった」と思えるように、心からエールを送ります。

華井由利奈

華井《はない》由利奈《ゆりな》

ライター。愛知県出身。大学卒業後、印刷会社に就職。
デザイン業務を1年間担当した後、コピーライターとして
トヨタ系企業など100社以上の取材を行う。
2016年に独立。現在は、女性活躍、ビジネス、教育、
生活情報など幅広い分野で執筆している。
今までに取材した人数は700人以上。
大学や教育講座での講演も行っている。

一《いっ》生《しょう》困《こま》らない
女《じょ》子《し》のための「手《て》に職《しょく》」図《ず》鑑《かん》

2018年8月30日　初版第1刷発行

著者
華井由利奈
発行者
田邉浩司
発行所
株式会社　光文社
〒112-8011 東京都文京区音羽1-16-6
電　話
編集部　03-5395-8172
書籍販売部 03-5395-8116
業務部　03-5395-8125
メール　non@kobunsha.com
落丁本・乱丁本は業務部へご連絡くだされば、お取り替えいたします。

組版／印刷所
堀内印刷
製本所
榎本製本